JN260256

戦後とは何か

―政治学と歴史学の対話

上

渡邉昭夫
村松岐夫
大嶽秀夫
牧原　出
成田龍一
［著］

福永文夫・河野康子［編］

丸善出版

序にかえて

近年、政治学、歴史学、国際関係論を取り巻く研究環境は資料の公開、新たな社会科学方法論の展開と相まって飛躍的に発展している。他方、これらは独立して蓄積され、隣接分野にもかかわらず学問の分化が著しく、新たな統合が求められている。本書は、副題に示したように、政治学と歴史学の対話を通じて新たな近現代日本像を創出しようとする試みである。

まず、本書『戦後とは何か―政治学と歴史学の対話』の成り立ちから説明したい。二〇〇九（平成二一）年五月末頃、本書に執筆者としても名を連ねている天川晃、村松岐夫、雨宮昭一の三名の会話に端を発する。三名は日本政治の戦前（戦時）・戦後の在り方、あるいは中央―地方関係などについて、時間軸と空間軸を縦横に往来しながら、議論を重ねてきたという。ときに、それぞれの専門分野を背景に熱を帯び、激しくやり合うこともあったと聞いている。その一端は、本書に収められている質疑応答からもうかがい知ることができよう。

この議論を経て、三名は以下の思いを共有するに至った。これまでも政治学と歴史学は、国際環境と国内環境の連関性に意を払いつつ、近現代日本像を描いてきた。しかし、相互に隣接しながら、それぞれが十分に知識の交換を行ってきただろうかと。そこで、共同研究を立ち上げ、広く政治学と歴史学の対話の場を求めようということになった。これに編者二人（河野・福永）も参加することを求められ、二〇一〇年夏「戦後体制研究会」（代表・福永文夫）

がスタートした。研究会はこの五名に、稲継裕昭（早稲田大学）、荒木田岳（福島大学）、村井良太（駒澤大学）、鹿毛利枝子（東京大学）、平良好利（獨協大学）が加わり一〇名で構成された。

研究会は、メンバーそれぞれの専門領域、問題関心に加えて、戦前（戦時）・戦後観の違いもあり、手探りでのスタートとなった。そのなかで、本研究は三つの目的を掲げた。第一に「戦後体制」の成立と転換という共通の関心のもとに、改めて近現代日本の歴史を考察する契機とする。第二に、近現代日本の歴史で一般的にも用いられてきた戦前期と戦後期という時期区分を、異なる観点から再整理する。そのために、第三に、これまで独立的に蓄積されてきた政治学、歴史学、そして国際関係論の三つの研究分野の知見と方法論を取り入れ、具体的には、日本史学を中心とする戦前・戦時期の研究、国際関係論を中心とする占領改革・冷戦史研究、現代政治学を中心とする五五年体制の内政・外交の実証的研究間の対話を図り、その成果を融合した新たな近現代日本の見取り図を描く、というものである。これによって戦前と戦後の断絶と連続の関係を明確化し、グローバリゼーションの時代における戦後体制の終わりと脱戦後体制の課題を確認することを考えている。

また、日本の歴史と政治に関わる諸学が相互に意図的に諸課題を検討し合い理解を深め、近現代日本の国際環境と国内政治体制に関するマクロな体制変化に関する諸問題を、共通の認識と用語で明確化させることは、相互に刺激を与え、知的関心を改めて呼び起こし、これら分野の研究領域がマクロな体制研究とより密接に連携した近現代史像を描くことを可能にするだろう。

以後、二〇世紀の日本政治を主たる対象として、二〇一〇年一〇月から二〇一二年一一月までの約二年間、計一一回の研究会をもった。各分野の専門家を招き、最近の研究成果、方法に関する情報などを聴き、意見を交換し、議論を重ねてきた。また研究会の議論の過程で、三つの領域に経済学と社会学を加えることで、より豊かな視座を得ようということになった。本書は、この研究会の成果である。

各章は報告と質疑応答の二つから構成されている。研究会の日程、報告者、テーマは以下の通りである（報告者の肩書等については巻頭に付した）。

第一回　二〇一〇年一〇月七日　加藤陽子　政治史研究と歴史研究のあいだ
第二回　二〇一〇年一一月一一日　渡邉昭夫　Doing History?—歴史をするのか、歴史を書くのか、歴史を考えるのか
第三回　二〇一〇年一一月二五日　五百旗頭真　中国の台頭と日本
第四回　二〇一一年一月二二日　村松岐夫　戦後体制—行政と地域の視点から
第五回　二〇一一年六月一二日　大嶽秀夫　戦後日本のシステム—多元主義、新自由主義、ポピュリズムの観点から
第六回　二〇一一年八月五日　成田龍一　「戦後歴史学」の戦後史
第七回　二〇一一年九月八日　雨宮昭一　政治学・歴史学の戦後、現代、現在
第八回　二〇一一年一一月二〇日　猪木武徳　体制の転換と実質的な連続性
第九回　二〇一一年一二月二五日　牧原　出　戦前と戦後—政治と官僚制の視座
第一〇回　二〇一二年一月一九日　天川　晃　戦後改革・占領改革・戦時改革—戦後体制の成立をめぐって
第一一回　二〇一二年一一月二〇日　鹿毛利枝子　戦後日本における自発的参加活動

この間、二〇一一年三月一一日に東日本大震災が起こり、翌一二日に予定されていた第五回研究会は延期を余儀な

くされた。個人的には一九九五年の阪神・淡路大震災につづく思いもよらぬ体験だった。再開まで五ヵ月を要したが、大震災および原発事故は、私たちに「戦後」に加え、「災後」を強く意識させるものとなった。

報告および質疑応答の概要については下巻の解説を見ていただきたいが、それぞれの専門分野からなされた報告や研究作法は刺激的であり、示唆に富むものだった。必ずしも議論がかみ合わない場合もあったが、研究アリーナを共有し、新たな知見を得ることができたことは幸いであった。あらためて、多忙にもかかわらず、私たちの要請に応じてくださった執筆者諸氏に感謝とともに、その学識と知見に敬意を表したい。

なお本書では、必ずしも報告者の順番通り配列せず、専門分野、報告内容等を勘案し、上・下2巻に分け掲載したことを断っておく。また各報告者から詳細なレジュメをいただいたが、基本的に割愛することにし、読者の便を考えて必要最小限付すことにした。さらに、本文中の年代は報告時のものであることをお断りしておく。

最後に、本研究を始めるに際して、研究会では「政治学と歴史学の対話—戦前戦時体制、占領戦後体制、脱戦後体制の研究」(代表・福永文夫)というテーマで、サントリー文化財団「人文科学、社会科学に関する研究助成」を二〇一〇年度、二〇一一年度の二年間にわたり受けた。財団から提供していただいた研究アリーナは闊達な議論を呼び、ここに本書の上梓となった。財団には深く謝してお礼を述べたい。

二〇一四年　初夏

福　永　文　夫

編者・著者一覧

編　者

福永文夫　獨協大学法学部　教授

河野康子　法政大学法学部　教授

著　者

上　巻

渡邉昭夫　東京大学名誉教授、青山学院大学名誉教授

村松岐夫　京都大学名誉教授

大嶽秀夫　京都大学名誉教授、東北大学名誉教授

牧原　出　東京大学先端科学技術研究センター　教授

成田龍一　日本女子大学人間社会学部　教授

下巻

加藤陽子　東京大学大学院人文社会系研究科　教授
雨宮昭一　茨城大学名誉教授、獨協大学名誉教授
鹿毛利枝子　東京大学大学院総合文化研究科　准教授
天川晃　横浜国立大学名誉教授
猪木武徳　青山学院大学　特任教授、大阪大学名誉教授、
国際日本文化研究センター名誉教授
五百旗頭真　熊本県立大学　理事長、公益財団法人ひょうご震災記念21世紀研究機構　理事長、
神戸大学名誉教授

（二〇一四年五月現在、執筆順）

戦後体制研究会メンバー（質疑応答参加者）

代表

福永文夫　獨協大学法学部　教授

共同研究者

天川晃　横浜国立大学名誉教授

雨宮昭一　茨城大学名誉教授、獨協大学名誉教授

荒木田岳　福島大学行政政策学類　准教授

稲継裕昭　早稲田大学公共経営大学院　教授

鹿毛利枝子　東京大学大学院総合文化研究科　准教授

河野康子　法政大学法学部　教授

平良好利　獨協大学地域総合研究所　特任助手

村井良太　駒澤大学法学部　教授

村松岐夫　京都大学名誉教授

（二〇一四年五月現在、五十音順）

上巻目次

下巻目次

Doing History?
—歴史をするのか、歴史を書くのか、歴史を考えるのか

渡邉昭夫

はじめに

「戦後体制研究会」という名前をお聞きして、それから河野さんや福永さんから「政治学と歴史学の対話」というこわい題をいただいて、正直言って、この研究会の目的と、私に何が期待されているかというのが今ひとつよく分かっていないのです。言うならば、試験官の出題の意図が分からないままで答案用紙を書かなければならないという立場ですので、試験官の期待に応えられるかよく分からないのですが、とりあえずいただいた時間で何かお話いたしますので、皆さんのご関心に従って議論を発展させていただきたいと思います。

たまたまこの話を聞く前に、ナジタ・テツオの『Doing 思想史』(平野克弥編訳、みすず書房、二〇〇八)、キャロル・グラックの『歴史で考える』(梅崎透訳、岩波書店、二〇〇七)、それから升味準之輔さんの『なぜ歴史が書ける

か』（千倉書房、二〇〇八）という三冊を机の上にというか、枕元にというか積んであって、大体私は寝ながら本を読むという習慣があるんです。これは私が十代の早くに結核にかかって二、三年療養生活をしていたということが背景にあって、それ以来ずっと寝ながら本を読むという習慣がついて、いまだにそれが抜けません。先程申しましたように、この三冊を枕元に置いて、それについて落ち着いて考えることができるかなという気持ちでいたんですが…。

ここにいる何人かの人はご存じなんですが、実は二ヵ月にいっぺん「八王子サロン」と称して仲間が集まっていろいろとおしゃべりをする会があります。河野さんにも、そこで沖縄返還のときの密約問題についてお話をお聞きしたことがあります。できるだけ若手の方に新しいテーマでお話していただくというのが趣旨なんですが、もしタネ切れになったら、私がそこでこういうお話でもしようかと考えながら、折々に三冊の本に目を通していたのです。そういうところに今回の依頼がきたのでこの場をお借りして、それについてお話してみようかなという気になって、今日のような話を用意しました。

タイトルは『Doing history』、そして？マークになっています。順番にお話しますが、まずナジタさんの話をして、それからキャロル・グラックさんの話をして、最後に升味先生の話をしていく、ということでいこうと思います。それで、二枚のレジュメらしきものをお渡しした後、この三冊の本がそれぞれ何を言っているのかということについて、お読みになっていらっしゃる方も多いので必要ないかなと思いますが、何の予備知識もない方もいらっしゃるかもしれませんので、多少抜き書きをしたものを四ページ分用意しました。

同時代を生きる—里見弴を手掛かりに

それでいきなり里見弴となりました。これは皆さん先刻ご承知でしょうが、コンピュータで文章をつくって保存するときに、頭の文字で保存することが多いんです。例えば私の場合は「日米関係」とか「日米同盟」というのが多いんです。そうすると、どの文章だったか区別がつかなくなることがしばしばあります。ということで、あえてここでは里見弴というのを頭に出してきて、これならば他と混同することがないので、こういう書き方になったわけなんです。そこでなぜ里見弴が出てくるか、これは、私のものの見方の癖、あるいはこれまた若い頃からの癖ですが、例えば試験勉強の前になると全然試験の問題に関係のない本を読みたくなる。いま何か論文を書いているとすると、それとはまったく関係のない、日本とも関係のない、戦後とも関係のない、近代とも関係のない本が読みたくなるんです。

ということがありまして、たまたま里見弴の道元禅師の話という本が私の手元にあって、このところ何年か、親鸞とか良寛とか偉い坊さんの本をよく読んでいるんです。多分そんな関係だと思うのですが、里見弴の『道元禅師の話』（岩波文庫、一九九四）を、どういうときになぜ買ったのか実は覚えていないのですが、たまたまそれを読み始めたらなかなか面白い。はじめから余計な話ばかりするのですが、里見弴は有島兄弟の三番目です。なんで里見弴なのかなぁ、変わったペンネームだと思いましたが、これは本当か嘘か分からないのですが、彼が自分のペンネームを考えるときに電話帳を繰って、トンと叩いたら里見というのが出てきたというんで、里見弴と。というような話があるようで、ちょっと面白い話として覚えています。

それはともかく、その里見弴が七〇〇年前の道元禅師という偉い坊さんについて書くことになったが、自分は仏教についても、ましてや道元禅師についてもまったくの素人で、なんで私が道元禅師について書くことになったのかよく分からない、とにかく書く運命にあった、そういうような書き出しで書いていて、何の縁もない七〇〇年前のこの人物をどう捉えるか、そういうときにどうするか、ということを最初のほうに書いています。そして縦の棒と横の棒と言って、「およそなんびとの誕生でも、家系を縦の棒とし、時を同じくして全世界に生存するすべての人間を横の棒として、その二本が『+』の字に交叉する一点」、ここにこの人がいる、こういうふうに考えて次のように言っているんです。

われわれの世代だと横軸・縦軸というような言葉を使ってそれを交叉させてここが原点だ、という言い方を多分すると思うんですが、里見弴さんは横の棒と縦の棒とこう言っているんです。で、人名にかなりしつこく年代を入れて、たとえば里見弴は一八八八年の生まれのようです。これは、どうでもいいと言えばどうでもいいのですが、私にとっては多少意味がある数字なんです。というのは、一八八八年は私の父の生まれた年。そして、私の母が一八九九年生まれになります。覚えやすい年に生まれてくれて、一八八八年生まれと一八九九年生まれで一一歳の違いです。何も真似したわけではないのですが、私と家内も実は一一歳違います。

ということで、ますます余計な話ばかりになるのですが、この年がなぜ意味があるかというと、実は私の父は職業軍人だったんですが、残念ながら生きてきた時代について自分が何を考えて生きてきたのか、ということを父から聞いた覚えもないし、ましてや書いた文章も一切ないのです。で、軍人は自分で記録を残さない、多分機密を漏らしてはいけないという考慮でしょうが、とにかく余計なことは一切書いて残さない、という習慣があるらしく、何もないんです。そのうえ、私の母親は私が一二歳のときに死別しまして、私がいろいろものを考え始めて、いろんな質問をするようなときまで生きていてくれれば、母親を通じて父親と母親の世代の人たちがどういうふうにして、やや硬くいえば日本の歴史をどう生きてきたのかということを知る多少の手掛かりを残しておいてくれたかもしれませんが、それが一切ない。ほとんどない。とくに父親についてはない、ということです。

そうすると、たまたま一八八八年に生まれた里見さんという人が、父と時を同じくして生きた横の棒につながる、私の父親と里見弴は横の棒につながる、そういう線上にいた人だということになるのです。もちろん、まったく違う世界に生きてきた人たちだから、同じ時代を生きたからといって、この人の考えていることが自分の父親がどういうふうに生きてきたかという手掛かりに直接なるとは考えませんけれども、多少は、なるほど同じ時代に生きた人はこういう考え方をした人もいるのだ、というふうなヒントにはなるだろうと。偶然に手にした本ですが、里見さんが一八八八年生まれということは、そういう意味では私にとって多少の感慨があるので、余計なことかもしれませんが、とくにはじめに話をしてみました。

そこで本題に入って、以下、ナジタ・テツオ、キャロル・グラック、升味準之輔の三人の歴史家が、それぞれの議論をするなかで、いろんな人を私たちが直接知っていたり、あるいは間接的にでも知っている人が出てくるわけです。そうすると、彼ら自身もそうですが、私がここでやろうとしていることは、さしあたりはこの三人、さらに超えてこの三人が論じているいろんな人を、一種のソナーブイみたいにして…。ソナーブイとは敵の潜水艦の位置を見定めるために音波を発してそれが返ってくる時間などをみながら、相手の位置を定めるシステムです。相手と自分との位置関係を知る、というやり方をするわけです。今言ったこの三人を相手として、私がその人たちと心の中で対話しながら自分の位置を見定める作業をやっているのかなぁ、という感じです。

ということで、言うならば先程言った横の棒と縦の棒、というような感じでイメージでき、その関係の中に自分がいるとして、その自分の、そこからの視野といいましょうか…。この場合の視野というのは、肉眼というよりも心眼といいますか、そういう視野のなかに入っているこういう世界がある、そのなかにナジタさんがここにいる、キャロル・グラックさんがここにいる、升味先生がここに、誰それがここに…とそういう感じです。自分の頭のなかで図を描きながら、その人たちが何を考えていたのか、ということを手掛かりに自分の位置を見定めることができるだろうか、ということなんです。

私も実は、こんなに長く生きるつもりはなかったのですけれども、このままでいくと八〇歳まで生きているのかもしれない歳になり、その間一体自分は何をしてきたのだろうか、ということをしきりに考える時期にきているわけです。というようなことで、皆さんのお力を借りて、そういう作業をしてみたい、というつもりなんです。

テツオ・ナジタ『Doing 思想史』

そこで、ナジタさんから始めますが、私とそれぞれの人との関係について、多少そういうことを申し上げたい。ナジタさんは一九三六年生まれ。私が一九三二年生まれですから、彼は私より四歳若く、今年七二歳か七三歳になります。そして、ハワイに行った日系二世ということになるのでしょうか。

たまたま先週TBSの創立六〇周年記念特別企画で、「Japanese Americans」という題の「九九年の愛」という、五夜連続のテレビ映画をやっていました。主人公・平松さんの親父さんが一九一一年にシアトルに渡米するという話です。ナジタさんのご尊父がハワイに渡米するのが一九〇四年。ナジタさんは後で少し申し上げますけれども、広島県のある寒村の奈地田一家の出です。一方、平松さんは島根県の貧しい村から出ていったのですが、島根と広島ですから、きわめて近いところです。大きな意味で言って、この二人はよく似た背景をもち、キャリアにおいても非常に似ています。偶然ですが、最初にこのレジュメを書いた直後にTBSのドラマを見たものですから、いろんな意味で符合するところが多いと思いながら感慨深くそのTVドラマを見たのです。

そのナジタさんは、この本のなかで「自分史」というふうに言っています。そのなかで書いているように、自分のお兄さんもフランスとかイタリアで、いわゆる日系人部隊として亡くなったということが書いてある。先程の「Japanese Americans」の主人公の平松家の長男の一郎という人も、四四二連隊という日系人部隊で、イタリア戦線という設定だったんですが、亡くなるということになっています。そういういろんなことから言って、この二つの家族は共通するところがあります。

で、ナジタさんに私が最初に会ったのは、これは少し先走って言うわけですが、ナジタさんとグラックさんはほぼ一〇年歳が離れているようです。グラックさんは女性の書物に多いように生まれた年は書いていないのですが、当てずっぽうで一九四六年、つまり一〇年遅れと書いておいたんです。で、ナジタさんが日本に勉強にきたのが一九六〇年代初めです。グラックさんは七〇年代。そういう意味ではほぼ一〇年の時間差があると考えていいと思うんです。六〇年代というのは実は非常に意味がある。後で出てきますが、六〇年安保をどう経験したか、ということがこの二人のアメリカの日本研究者にとって非常に重要ないわば原体験としてある、と言っていいと思います。

ナジタさんが日本に来て、私は彼と東京で会ったときのことをよく覚えているんですが、それは一九六二年でした。この年はキューバ危機の起こった年です。それで、後でも少し出てくるように、伊藤隆君と私とナジタさんの三人で、場所は忘れましたが、キューバ危機について話したことをよく覚えているんです。そういう時代的な背景があるんです。さらに少しプライベートな関係でいいますと、一九六二年は私がある経緯でオーストラリアに留学に行く直前の時期です。結婚したばかりの家内を一人おいて、私は先に行ってしまうんですが、私も家内も慌てて英会話の勉強をする。韓国系アメリカ人であるナジタ夫人が家内の英語の先生でしたので、ナジタ夫人については、私よりも家内のほうがよく知っているのです。

私がキャンベラに行った後、伊藤隆君の奥さんの都合が悪く、私の家内が代わりをして、伊藤君と私の家内とナジタ夫妻の四人で何とかっていう映画を一緒に見に行ったと言っていました。実はいろんなエピソードがありまして、笑い話もいろいろあるんです。その話をしていると一時間あっても終わらないので止めますが、そういうことで、ナジタ夫人は割と近くにいた人なんです。

とりあえず、それだけで彼と私の個人的な付き合いの話は終わりにします。ナジタさんがアメリカに帰って主として教えたのがシカゴ大学でした。話がまったく飛ぶんですが、アメリカにＶＩＰをひっくり返した、ＩＶＰ(International Visitors Program)という国務省がやっているプログラムがあって、これは、社会のリーダーに将来なるだろうという人に目をつけて、一ヵ月間アメリカに招待していろんなところを見てもらうというプログラムですが、私は一九七七年にこのプログラムでアメリカに行き、アメリカのいろんなところを見てまわりました。

たまたまそのときの一冊の手帳が残っていて、九月三〇日か一〇月一日に東京を出てアメリカに行って、ワシントン、ニューヨーク等々あちこちに行くんですが、シカゴに行ってシカゴ大学を訪ねて、そこでナジタさんと入江昭さんに会ったと書いてあるんです。私は手帳を読み返してみるまで忘れていたんですが、そのとき、二人とも「授業があるから」といって、入江さんが私をライブラリーに連れていってくれて、そこで二人にさよならした、というそれだけの接点です。だから七七年に、もう一度実はナジタさんにそこで会っているんです。だから何だ、と言われたらそれで終わりなんですが、というふうな関係です。ナジタさんとはそれほど深い付き合いではなかったんですが、ある意味では非常に身近な人でした。後で申し上げますように、彼の研究テーマと私の研究テーマは直接には関わるところがなかったものですから、研究者としてお互いに、研究テーマについていろいろとやりあうというようなことはなかったわけで、唯一の接点は、先程申しましたように、キューバ危機、これが今後どういうことになるだろうというようなことを、伊藤君と三人で東京の某所で三、四〇分、議論をしたことを覚えているくらいです。

そこで、ナジタさんのこの本、これもたまたま近くの本屋で見つけて買ったのですが、まず惹かれたのが『Doing思想史』という書名で彼がその言葉で何を言おうとしているのか、ということでした。この本の最初に書いてあるように、シカゴ大学の大学院の授業だったと思いますが、彼は「Doing history」という題で講義をやっていたようです。そこで、この本の序文の一〇ページに書いているところを三行ほど引用してみます。

歴史を『する』ことは、翻訳に携わることでもあります。これは、歴史家にとって、欠かすことのできない術です。わたしたちは、歴史の『語り』を構築するとき、過去のテクストを訳し、ある言葉から別の言葉へと置き換える作業をしています。

（『Doing 思想史』）

これが歴史を「する」ということだと。いうまでもなく、ここで翻訳というのは単に日本語を英語にするという意味ではなくて、昔の人の書いた、自分が取り組む歴史的対象になる人物が書いた文章を自分の言葉で置き換えてみるということを言っているわけです。そういうことを歴史を「する」、Doingだと、言っているわけです。Doingに関して彼が実際にどういう関心を日本の近代についてもっているかは先に置いて、「Doing history」という言葉にこだわってみたい。

そうすると、これまたたまたま、私の話は全部たまたまなんですが、本屋で見つけた本がキャロル・グラックの『歴史で考える』だったのです。「歴史で考える」って一体どういうことだろうか。

グラックさんと私との関係を先に申し上げておきますと、キャロル・グラックさんと私はナジタさんほどの付き合いはありません。天川さんも一緒だったかもしれませんが、占領に関するシンポジウムで一九九二年にハーバード大学に行ったことがあります。そのときに、彼女が報告者の一人として発表した。それが多分、後にも先にも私が直接グラックさんに会った唯一の機会だったんです。とにかく大変に印象深い人がいるという感じだったんです。そのグラックさんが日本の近代史についてどういう関心のもち方をしているかはとりあえずおいて、いわゆる「Doing history」ということについて、あるいは「歴史で考える」とは一体何を言おうとしているのか、ということを、そこにレジュメの三ページの下に書いておきました。『歴史で考える』の一二ページにある文章で、「私にとって歴史することの意味は、過去を使って未来のために考えることだ」ということが書いてあるんです。

そして、私が間違っているかもしれませんが、多分グラックさんはこの本は英語で出していないと思うんです。だから『歴史で考える』という日本語を英語にするとどういう表題になるのか、調べてみましたが、いまのところよく分からないのです。この本の中に、こういうところがあるんです。歴史について（about history）考えるのではなくて、with history という言い方をしています。歴史を手段にして、あるいは歴史を材料にして考える、ということが歴史で考えること。つまり日本語でも英語でも with というのはそういう意味で、手段および材料です。例えば、手でぶん殴るとか、足で蹴る。あるいは、メリケン粉でパンをつくるとか日本語で言いますが、普通 with というのはそういう言葉だろうと思うんです。

この本の翻訳はグラックさんの弟子である日本人が日本語にしたらしいので、私の理解では、この本が主として日本人の読者を想定して書かれているということもあるでしょうが、少なくとも今のところ英語で、同じ内容が出ていないのではないか、と思っているわけです。そういうことで言うと、この本の中にはどこかに「歴史をする」、Doing を使っています。ナジタさんとグラックさんのものの考え方には相通じるところがあるので、当然お互いに何を書いているか、何を言っているか、視野に入っているだろうから、ある意味で当然といえば当然ですが、アメリカでどの程度このような表現方法が行きわたっているのかは分かりませんけれども、「Doing history」という言葉で歴史を考えるというのは、ある程度この人が何を言いたいのか、歴史に対してどういう構え方をしているのかが伝わる、そういう表現になっているのかもしれません。

やや先走って話すと、二人は、歴史を材料にして自分の考え方を展開するというところで共通しているわけです。

それに対して、これまた先走って言うと、升味準之輔さんの本は、書名にあるように『なぜ歴史が書けるか』、つまり「歴史を書く」という立場で、どういうふうにして歴史を書くか、如何にして歴史を書くか、なぜ歴史を書くか。「如何にして」というのは二つの意味があって、how という意味と、why という意味です。どういう動機で歴史を書くのか。いずれにせよ、書くことに重点がある。「歴史を書く」ことを主題にして、多分これは升味さんのある意味で遺言のような本だと思うんですが、八章か九章にわたっていろんな角度からそのことを議論しています。

皆さんご承知のように、升味先生はそれこそ歴史学と政治学を一身に表した方だろうと思うんです。たくさん本を出していますが、かなりの本が政治学の本で、かなりの本が歴史学の本ということになっていて、いずれにしても、歴史をどういうふうに書くのか。改めて升味さんの書かれた膨大な本を読み直す時間はとてもなかったので、その点は非常に不十分なんですが、書くという立場から歴史を、少なくともこの本のなかでは、直接、歴史を使って、歴史で考えて、ということを生な形では表現なさっていないんじゃないか。書かれた文章を通じてわれわれが「なるほど」と思うことは当然あると思うんですけれど、ナジタさんの本と、キャロル・グラックさんの本とは若干性質が違っているのではないかということです。

この三者の「歴史をする」、「歴史で考える」、「歴史を書く」という三つの角度から、われわれがそれこそ歴史について考えるというか、歴史と取り組む場合に、それぞれの違った角度から議論していることが一つの参考になるんじゃないだろうか、そのようなことを考えた次第です。

そこで、もういっぺん戻りますと、ナジタさんはこの本のなかでどういうことを言っているかというと、最初に自分史から始めていくわけです。この場合、自分史という意味でより大きな歴史を語るときに、先程の横棒ではありませんが、日本とアメリカという二つにまたがっている、というのが自分史を捉える場合の欠かすことのできない一つの軸、横棒になっているわけです。

やや先走っていうと、この本の自分史は非常に面白い。こういう話から始まるんです。自分のお母さんの結婚する前の名前はなんだろうか。よくわからない。例えば、私もアメリカにいたので経験があります（日本でも最近そういうことがあるかもしれません）が、銀行の勘定を合わせるときに、身分を確認するためにあなたのお母さんのミドルネームは何ですかと、シカゴのある銀行で聞かれたとあります。ところがよくわからないで、「マンプク」とか「マンフク」といったりと、いろいろある。本当のところはよくわからない。そこでなんとかかんとか答えて、言うたびに「違うじゃないか」と銀行の人に言われて、間違ってはいないけれども、どうも少しおかしいぞと。それで、ハワイに戻ってお姉さんに聞いていろいろと調べて、さらに次に日本に来たときに広島に行って実際調べてみるんです。その話はここでやめてもいいんですが、非常に面白いので少しつづけると、「マンプク」というのは、京都にある禅寺の万福寺に関係があると自分は見当つけた。ところが広島にいってみて、広島は真宗の影響があって禅宗は非常に少ないから、京都の万福寺とはあまり関係がないという話になって、いろいろと調べると実はこうであった、という話なんです。

そういうところから入って自分のお母さん、それと、地図からみると非常に近いんだけれども、地形上簡単にはいけない広島のある寒村に奈地田家のお父さんのルーツがあったということが分かってくる。奈地田家のちゃんとした系図みたいなのが残っていて、家系図があったことが分かった。そんな話が書いてあったりして、自分史を訪ねていく経緯が感動的で非常に面白い話になっている。これだけでも読みがいのある文章だと思っているんです。

そういう語り口でいって、これが彼の言うところの「Doing history」の一つの具体例と言えるかもしれません。多分彼は自分の講義で、学生に話をするときに自分史から始めて日本の歴史に入っていって、自身と日本との関わり、アメリカとの関わりがどうであって、日系移民がどういう生き方をしてきたのかというような話から歴史の授業に入っていくんだろうと、そういうことを想像させる文章です。

そこでこの本の項目だけ挙げると、「自分史と歴史」と、もう一つの「比較研究」というのがキーワードになってきて、その場合に彼のキーワードは「市民社会の思想史」であると言っています。そこで市民社会とは何かというと、彼によると、近代というものを表すというときに市民社会と言って、いわゆる社会民主主義が、日本における近代あるいは市民社会のあり方を考えるときのキーワードになると言っています。つづめていうと、ナジタさんにとっての日本歴史のヒーローは三人いて、明治の福澤諭吉、大正デモクラシーの吉野作造、戦後の丸山眞男です。丸山眞男に代表されるいわゆる進歩的知識人、例えば家永三郎、大江健三郎が出てくるわけです。

言葉を換えていうと、福澤諭吉を自由民権とイクォールに結びつけるのは難しいが、自由民権の時代の日本の思想がどうであったか、大正デモクラシーの時期のいわゆる吉野作造の民本主義の思想はどうであったか、そして戦後いわゆる戦後民主主義を代表する丸山さんの世代の人たちがどうであったか、ということを言っているんです。そして、アメリカの中で、ここのところは私が少しはしょって言っているところがあるわけですが、アメリカ人の日本研究者で言いますと、E・H・ノーマン（一九〇九年生まれ）が出てきます。そしてE・H・ノーマンの見直しの作業をやったジョン・ダワーまでを取り上げています。それを戦後初期の日本の思想界でいうと、いわゆる保守対革新というもので、革新的な、あるいは進歩的な知識人と言われた人たちであって、丸山眞男さんは生まれた年が一九一四年で、丸山さんのお弟子さんたちの中から石田雄さんを出しています（一九二三年生まれ）。石田雄さんをなぜ出したかというと、これはキャロル・グラックさんの中にも石田さんの名前が出てきますが、それでは升味準之輔さんをどこにもってくるかと言えば、はっきり分からないのです。これは皆さんに教えていただきたいのです。私の頭の中では、世代的には石田さんと升味さんはつながっていて、生まれた年からいうと、升味さんは一九二六年ですから石田さんよりも三年若いのですが、私から言うと、両方とも何歳か違うけれどともにいわば兄貴なんです。

再び私のプライベート・ヒストリー、自分史に関連づけて言うと、実は私には八歳年上の一九二四年生まれの兄がいたのですが、東京帝国大学法学部一年生、二年生のとき結核で亡くなります。兄の書棚のなかに岡義武の本があって、兄が生きていたら一体どういうふうに生きただろうかと思うのです。残念ながら、彼は私とベッドを並べて一年、二年寝て、私の病室の隣で最期を迎えるわけですけれど。

私には親の世代も一体どういう生き方をしたのか直接確かめる機会がなかったし、兄がどういうふうに生きたのかも実は明らかではないいんです。唯一残っているのは、彼が三高時代に残した一冊の日記帳です。これは非常に面白い日記帳なんですが、生きていればまさに石田雄あるいは升味準之輔と非常に近いところにいたはずなんです。つまり政治学をやろうとしていたんですね。岡義武門下です。私が岡義武という人の名前を知ったのは、療養時代です。兄の本棚に講義録、岡義武の『日本政治史』がありました。そういう意味で私は、ナジタさんじゃないけれど、私の自分史を絶えず行ったり来たりしながら考える癖があります。

ここで話がいきなり飛ぶんですが、E・H・ノーマンからジョン・ダワーまでというのは、日本でいうと進歩的知識人、戦争直後においては革新と保守ということで、革新の陣営にいわば非常に親近感を感じている人たちにある意味で影響を与えたり影響を与えられたりした人たちの代表例として挙げることができるだろうと思います。それに対抗する保守の軸として、一九一〇年生まれのエドウィン・ライシャワー、ロバート・スカラピーノがいて、それに応ずるところに佐藤誠三郎君をもってきたんです。そして、伊藤隆君をここに勝手にもってきたんです。佐藤誠三郎君はもうあの世へいったから、向こうで何か文句を言っているかもしれないけれど、伊藤隆君はまだ健在ですから、怒られるかもしれませんが。というのは、これもたまたまなんですが、去年出た本にジョージ・パッカードという人の『ライシャワーの昭和史』（森山尚美訳、講談社、二〇〇九）という本があります。これはなかなか面白い本で、今日の私の話のナジタ、グラック、升味さんにつづくいわば第四の対象が実はライシャワーなんです。皆さんもご承知でしょうけれど、これはまさに六〇年安保が再びキーワードになるというものです。六〇年の安保危機の最中にアメリカ大使館に来たのがライシャワー大使であり、そのライシャワー大使の特別補佐官をしていたのがジョージ・パッカードです。パッカードは私とまったく同じ年、一九三二年生まれです。同じ年に生まれた男が海の向こう側に一人いるわけです。ジョージ・パッカードが一体どういうことをやったかというと、彼の最初の本はご承知のように、*Protest in Tokyo—The Security Treaty Crisis of 1960*（Greenwood Pub., 1978）です。つまり、安保騒動をテーマにした書物なんです。ライシャワーには自伝があるのですが、ジョージ・パッカードは、この本でライシャワーが書かなかったであろうということも含めて書いたんです。そこに書いてありますし、みなさんも多分ご承知でしょうけれども、ライシャワーが日本に来たときに何をやったのか。数々やったことのなかで、ケネディ大統領に学者体質の大使として一番期待されて、実際彼自身がやったのは、日本の知識人といかに日米間の知的な対話の基礎をつくるかです。ライシャワーによれば、当時の日本は皆左翼がらみでマルクス主義に凝り固まっていると、これをどうやってつぶしていくか、マルクス主義に凝り固まっている日本の知識人に対して、有効な対話のチャンネルをどうやってつくっていくかというのが、ワシントンが要請し、彼が自分自身に課した最も重要なミッションだったと思うんです。

それを受け取ったわれわれの側は、いわゆる進歩的知識人の間では、ライシャワー路線といったかな、アメリカによるいわゆる洗脳に対して非常に警戒して身構える、という関係にあった。日本における進歩的知識人に同情的なE・H・ノーマンからジョン・ダワーまでの流れの対極にいるのがライシャワーといえるのではないか。スカラピーノの話は後に回しますが、そういう立場にあるのが私の考えではライシャワーだと思うのです。ライシャワー先生は、これまたジョージ・パッカードの本に詳しく出てくるんですが、後年になってジョン・ダワー等々から痛烈に批判されるのですから、ずっと後になってからでも、アメリカの知日派の中で知的対立という流れが生きているということです。

そのときにジョン・ダワーがライシャワー批判の急先鋒の一人になるんです。私もこのパッカードの本を読んではじめて気がついたんですが、E・H・ノーマンとライシャワーは非常に似たパラレルな経験をしていて、若い日に軽井沢でお互いテニスをしたという時代があったりして、お互いに知っている仲なんです。しかし、あえて異なる道を歩むようになるんです。どちらも日本の歴史、近代史に関心があるんですが、違った角度から日本の近代史に入っていきます。そういう意味では、非常に対照的な立場にあるのがE・H・ノーマンとライシャワーです。

ここも少し先走って言いますけれども、大きくいって日本の近代史、あるいはもっと限定して戦後史、戦後の日本史について言うと、ノーマンからダワーに至るまで、あるいはそれと共通する日本の進歩的知識人たちの日本近代をみる見方というのは、いろいろニュアンスをつけなければいけないけれども、簡単にいえば、批判的な観点から日本の近代をみるということです。これをどうやって超えるか、日本の近代のおかした間違いをどうやって正すか、という立場に立って「歴史で考える」、そういう考え方がある。それに比べるとライシャワーは日本の近代に対して肯定的なんです。後で話しますが、いわゆる「近代化」という理論の急先鋒になるのがライシャワーです。

またプライベートな話に戻ります。ライシャワー先生と私は、残念ながら直接お話をする機会はほとんどありませんでしたが、たった一回だけあります。ここに佐藤誠三郎君が出てくるのは、実は佐藤君がライシャワーのいうところのいわゆる「近代化」論に非常に深く影響されていくということです。最後にお話ししますけれども、丸山眞男の批判というところまで行き着く。

往年、佐藤君がハーバードに行きます。そのときにライシャワーと非常に深い関わりができた。そういうこともあったんでしょう。一九七一年にハワイでスカラピーノが主催した会議のペーパーが後で *The Foreign Policy of Modern Japan*（University of Galifornia Press, 1977）という本になっていますが、そこには私も書いていて、佐藤誠三郎君も書いています。ライシャワー先生は、その会議にはペーパーは出さなかったんだけれども、長老としていろいろコメントを述べるという立場で参加されていましたので、一回だけお会いしたんです。会議の席上ではありませんが、会議が終わった後の懇親会の席上で、ライシャワーさんが私に声をかけてくれました。私はそのとき、パブリック・オピニオン、要するに日本の世論調査を使って、日本の対外政策についてどういう意見があるかを分析した報告をしたのですが、懇親会でライシャワー先生が言ったのは、君の分析の全体の調子は戦後の日本の外交を非常に肯定的に見ている、ポジティブに評価している、そこに僕は共感を覚える、こういうふうにおっしゃったんです。ただこれだけです。ライシャワーさんと私が会話したのはそれだけなんです。

いうならばライシャワーからスカラピーノというふうに至る線は、「保守的」といっていいのか分かりませんけれど、とりあえず明治以後の近代という話はさて置いて、戦後の日本だけに限って言いますと、基本的にそれを肯定するというか、そしていうまでもなくその延長線上に日米関係、さらに日米同盟に対して積極的な評価をする、建設的な形でそれを発展させようという立場に立っている人たちだと考えていいわけです。

それに対して日米同盟はいうまでもなく、もっと広く日米関係、さらにいうと近代日本の歩み全体に対して注文をつけて、これでいいのだろうか、これを何とかして正しい方向にしなければいけないという立場から考えている人たちがいる。そういう中の代表として丸山眞男がいる、こういう感じ方になるのではないでしょうか。

いずれにしても、六〇年安保がそこで一つの分水嶺としてある、ということになるんです。だから、この六〇年安保、たまたま今年は六〇年安保の五〇周年で、いろんな形で、あれは一体何だったんだろうか、六〇年安保以後の五〇年の日本史、あるいは日米関係をどう考えるか、ということがまさに今年の一つの大きなテーマになっています。河野さんもこれについて文章を書かれたし、私も文章を書いたりいろんなところで話をしたりしているんですが、日米安保とか日米関係という観点からみるというのも一つですが、日本の思想史といいますか、つまり日本人のものの考え方というコンテクストの中で安保騒動、安保危機というのをみたとき、一体何なんだろうか、これは十分に答えは出ていないんじゃないでしょうか。

六〇年安保で旗を振っていた全学連の生き残りの何人かが「六〇年安保の会」というのをやっていまして、そのメンバーで世界平和研究所（中曽根研）の事務局次長の小島弘という人がいる。この人は六〇年安保の全学連で旗振った仲間の一人なんですが、いまは中曽根研にいます。彼とよく会って、いろいろ昔話をします。小島君はあの当時、明治大学で旗振っていたんです。ついでに言うと、私も六〇年安保で安保をつぶせの側だったんですが、しかし小島君たちのような旗振りじゃなくて、後ろのほうでついていくという立場で、小島君や香山健一君が指導者で、こちらは一兵卒。小島・香山まして森田実氏のような連隊長や師団長とは違うわけです。

小島君とかその人たちが「六〇年安保の会」をいまやっていて、来週、その中の一人が本（森川友義、『六〇年安保六人の証言』、同時代社、二〇〇五）を出したので、それの記念の会をやるというのです。六〇年安保の旗振った六人か八人のオーラル・ヒストリーが本になって出ているんです。これはなかなか面白い本です。この本の中で、この人たちはそれぞれその後会社の偉いさんになったり、いろんなことやったりして今に至るわけですが、その中の一人が、「結局六〇年安保とは一体何だったんだろうか…。僕には答えがない」ということを語っているんです。というふうに、ご本人たちも六〇年安保を今からみてどういうふうに総括していいか分からないし、日本人のものの考え方という大きな、あるいは自分自身の生き方において一体あれは何だったのかということをいま自らに問うているんです、私も含めて。あれは一体何だったんだろうか。俺は何で国会をとり囲んで、安保反対といってあのデモのなかにいたんだろうか、を自問しているふうに言ってということです。

キャロル・グラック『歴史で考える』

話を進めることにして先程飛ばしたところに話を戻しますと、ナジタ・テツオは、近代性と近代化、modernity と modernization とははっきり区別されるべきだと言っています。

「伝統」とは、「近代」が生み出した言説であり、「近代性」の問題系のなかで理解されるべき認識のあり方です。一方「近代化」とは、観念的あるいは唯物論的、計量的な意味で、時間を発展的なものと見なす認識論に根ざしています。

いずれにしても、わたしは歴史を書くにあたって、「伝統」と「近代」や、「前近代」と「近代」（「西洋」と「非西洋」も含まれる）という二項対立を使うのを極力避けてきました。

なぜなら、まさにこの二項対立の構図こそが、近代性をあたかも西洋特有のものとし、西洋の統一性と優越性を信じて疑わない、コスモポリタン主義とその反動としての自国主義（私が nativism と呼んでいるもの）を生み出してきたからです。

（『Doing 思想史』 vi～vii）

というのが、彼の本の中にあるんです。そうしてナジタさんは、そういう問題意識から、ごく普通の庶民がつむぎあげた豊かな社会思想に注目したいと言って、安藤昌益を出したりするわけです。安藤昌益が出てくるもんですから、当然E・H・ノーマンが浮かび上がってくる、というようなことになったりするわけです。

江戸時代に主として思想史で、「民衆」というか「庶民」という言葉を介して、そういうところに豊かな思想史があるんだと考えてきたわけです。いわゆる近代のなかで、それがどういうふうになってきたか、という捉え方で日本の歴史を捉えたいということです。そうすると、ここでまさにグラックさんにつながるわけです。グラックが「民衆史」ということを言っているわけです。そこで少し場違いな引用文になりますけれども、グラックによると、

・北だけでなく、南を含み込んだ世界に、
・国家でなく社会に、そして社会のなかで周縁に、
・エリートでなく非エリート主体に注目する

と言って、そういう問題意識から彼女が取り上げたのが「民衆史」です。その点では、ナジタとグラックとでは別々の入り方をしたのかもしれないけれども、ある意味で共通のところに行き着くことになるわけです。「日本の歴史家のある重要なグループにとって、『戦後』は六〇年代はじめに終わりを迎えた」。これはグラックの文章ですが、

六〇年の安保危機の余波のなかで、戦後政治と社会の矛盾が新しい現在と過去の理解を要請していると感じたのだ。六〇年の安保危機は、日本の民衆が目覚め、効果的な政治行動に至るという前向きの傾向を見出す契機であった。当時の多くの若い知識人にとってそうであったように、「安保闘争」は民衆史家にとってある種の政治的、思想的な通過点であった。条約そのものの問題より、戦後民主主義の将来が危険に瀕しており民衆の潜在的な大きな力が唯一それを取り戻すことができると思われたのだ。実際の政治としては失敗に終わったが、民衆運動のイメージは彼らの学問を特徴づけることになった。安保闘争をきっかけに、民衆史のメッセージと方法が浮かび上がった

のである。

（『歴史で考える』、二二ページ）

この立場の人たちには「安保闘争の経験から生まれた一種の『楽観主義』」がある。そして彼らにとってのヒーローは色川大吉です。一九七〇年代は「色川時代」である、こういうことです。どこかに書いてあったかと思いますが、色川大吉、鹿野政直、安丸良夫の三人がグラックにとってのヒーローなんです。色川さんは確か一九二五年生まれです。彼も私も文学部国史の出身ですけれども、その当時色川さんと直接会ったことはありません。研究室のなかで色川大吉の名前は何回か聞いたことがある、という程度のつながりです。鹿野政直は、これまたまったくプライベートな話に戻って悪いんですけれども、私は大学に上がる前、父の陸軍引退後に、父の故郷である大阪の岸和田に行って、小学校の終わり頃から大学に入るまで過ごしたんですが、高等学校時代に、旧制の女学校が新制の高等学校になります。旧制の中学校も高等学校になって同じ市に府立高校が二つできます。私はへそ曲がりなもんですから、あえて元の女学校を選んだんです。なぜか。先程言いましたように、私は一九四五年四月に旧制中学校に上がって、一学期が終わったところで肺病で休学したんです。療養生活から帰ってくる間に学制が変わって、新制高等学校になった。私は二年遅れていて、昔の同級生が上のほうに行って威張っているのは面白くないということで、女学校のほうに行ったんです。何のことはないんです。当時は、悪いけれど男女の間の学力の差がかなりあったのです。そこで、旧制中学と女学校の学生をスワッピングして先生も生徒もごちゃまぜにして半分ずつ機械的に分けたんです。だから昔の私の同級生で上級生として「威張っている」ヤツが、実はこの女学校のあとの高等学校にもいたんです。だから私の中のけちな魂胆から言うとあんまり役に立たなかったんですけれど。

なぜ、そんな話をするかというと、私はまったくの運動オンチなんですが、いまでいうと部活で何をやったか、やろうとしたかというと、テニスです。全然上達しなかったんですが。一年上の二年生によくできる女子テニスプレーヤーがいて、いろんな大会に出ていくんですが、それが鹿野さんの妹なんです。もちろん、そのときは鹿野政直さんのことはまったく知りません。一年先輩に鹿野さんというすごい女子プレイヤーがいると思っていた。それで大学に入っていろいろ勉強しまして、鹿野政直という人がいるというので、彼女は、その鹿野さんの妹さんだった、ということを知りました。なんかよくわからない関係なんですが。先程言った、里見弴さん流でいうと、ある意味で横棒につながる人なんです。

いろんな意味で近い人が出てくるんですが、色川さんは、グラックさんが言うほどそんなにすごい時代をつくった人だったかどうか私はよくわかりません。とにかく一九七〇年代はグラックさんに言わせると「色川時代」であった。民衆史の時代であったと。で、なぜ民衆史というのがこの時代に出てきたかというと、彼女の解釈によると、民衆のエネルギーの現れである六〇年安保の知的なインパクトの結果という解釈になるんです。実はそういう見方をいままでもっていなかったものですから、グラックさんの本を読んで、「おお、そうか」と思ったわけです。

そこから始まって、実はもっと別の意味でここで議論していただく価値があると思うのは、「戦後」と「近代後」という言葉についてナジタさんやグラックさんが取り上げて議論しているわけですが、戦後というものを近代史のなかでどう位置づけるのか。そこに入る前にまた脇道に入ります。先程言いましたように、北だけでなく南も含む、国際的にいって要するに先進国だけでなくて遅れたところも含むということです。また、国家じゃなくて社会。なかんずく社会のなかで周縁に目を配る。エリートでなく非エリートの視点に立つ。こういう感じなんです。そこに国家でなく社会に、というのがあって、私は最近の歴史学の進歩をちゃんとフォローしていないんですが、ある若い友人によると、今や社会史の時代になっているらしいのです。政治史とか外交史という国家を主体とした歴史ではなくて、それこそ民衆史というか、社会の歴史だというわけです。これにはブローデルなどのいわゆるアナール派のフランスの歴史学が影響しているのかもしれません。

社会史がいまの若い人たちにとって一番魅力のあるテーマであって、新しい人たちが出てくる。それと関係があるかどうか分からないのですが、私みたいに外交ということをやっていると、国家がどうしても主体になるので、ここに非常に難しい問題がでてくる。これと関係があるかどうか分かりませんが、私が勉強した時代の東京大学文学部国史学科は、いまは「国史」ではなく「日本史」になっている。「国語」学もなくて「日本」語というふうに学問の名前から国という字が消えていく。それは、こういう流れと多分関係あると思うんです。かつて「国史学科」でいまは「日本史学科」の人たちに、なんで東京大学文学部が国史学科という看板をはずして日本史学科という看板に書き換えたのかと聞いても、まともな返事はかえってこないんです。これははっきりさせるべきだと思うんです。

グラックさんがいっているのが正しいかどうか知らないんですが、国家ではなく社会にというものの考え方の変化の風潮に多分乗って、誰が言い出したか知らないけれども、いまは国史の時代ではない、日本史の時代であると。いわば自分自身も客観化して、「日本の」歴史で「国の」歴史ではないというように、国家の歴史ではないということにしようと、そういうものの考え方がその背後に多分あるのだろうと私は睨んで、そういう魂胆でいろいろと質問してみるんですが、それに対してまともに答える人はいまのところいないんです。これが一体いつ起こったのか。日本史というふうに変えたのはいつか私は知らないんですが、一九七〇年代のどこかかもしれません。そうすると、彼女が言っているこの時代に、六〇年代、あるいは七〇年代に何かが変わった、ということの関連として、「国史」という呼び方が消えるということが起こったのかもしれません。

それはともかくとして、「戦後」と「近代以後」は、戦争を一つの起点として、そこから過去を再考しようとする戦争直後の努力があり、そこから戦後歴史学が出発したというグラックさんの見方が私の関心を惹きます。そこから出発して彼女は、いろんな戦後、例えば西ドイツの場合やフランスの場合などと、日本の戦後を比較しながら議論するんですが、そういうふうに「戦後」を基本にしてそこから過去を再考しようとします。戦争直後の努力。やや先走って言うと、グラックさんは日本では「戦後」という言葉が非常にいい加減に使われていて、のんべんだらりと戦後と言ってきた。本来の戦後は戦争直後の時代であるはずであるのに、依然としていまの日本の歴史家や日本人の書いたものをみると、いまでもずっと戦後だと、いろんなところで言っているが、これはおかしいじゃないか、という批判の仕方です。

ここで言っている戦争直後の努力というのは、かなり力点がある言葉です。そこに戦後歴史学の出発点がある。その戦後歴史学から次へと、どこかで転換しなければならないはずだ。ある意味でいうと、西ドイツの場合と似ていると言って、西ドイツでは一九四五年を「0年」という言い方をする。それと日本のここでいうような戦後というのは、つまり八月一五日は「0」だ、と考えてそこからスタートするという。それは当然、歴史を共有した日本と西ドイツで共有する考え方があるんですが、そこからあとが違う。こういう話になってくると思うんです。

そこで先に進むと、しかし言うところの「戦後」は同時に「近代」という長期にわたる時間の一部をなしている。ところが、近代というのは先進資本主義社会に共通していることであって、一九六〇年代前後のある時点でこの近代は終わったんじゃないか。そして、産業資本主義から「その後」というふうに、いわば産業資本主義を近代と言うとすると、その近代が終わった後はどうなるのかという問題に、六〇年代のどこかで日本も他の先進資本主義社会と同じようになったはずなんだと。そうした時代感覚が、あるいは歴史についての考え方が出てこなければいけないけれども、その辺りがはっきりしないで、のんべんだらりと戦後という言葉のなかに全部押し込められて、何となくずっと戦後、戦後と言って、いまでも戦後だと言っているのはおかしいのじゃないだろうかと言って、日本では高度成長期というのが何を意味していたかというと、ここでいわゆる近代が終わったんだ、という終結観を象徴的に意味する言葉であったんだと言うのです。

先程言いました産業社会というのがほぼ近代とイクォールとすると、その近代が終わったあとはポスト産業社会という時代に入っていって、そのポスト産業社会が抱えている問題は一体何であるのか、という問題意識から過去を振り返り、そして未来を考える、というふうに「歴史で考え」なければいけない。そういうふうになったはずだと。そこで、七〇年代以後の歴史家は「近代後」という歴史意識のもとで過去を再考し始めた（はずだ）、というふうにグラックさんは考えて、以上のように言うわけです。

色川、鹿野、安丸という民衆史のリーダーたちが、先程言った安保闘争のインパクトから目覚めた民衆に対するいわば期待感、歴史を変革する主体としての民衆に対する一種の楽観主義を背景にして民主主義が出てきたというときに、彼らが批判する先人たち、前の世代の人たちを乗り越えようとしたそのとき、その相手になったのが何かというと、一つはマルクス主義で、もう一つがモダニズムで、さらにもう一つが近代化論であると言って、モダニズムに当たるのが近代主義で、ここに丸山さんとか石田さんが入ってくる。そして、近代化論が先程言ったライシャワーと佐藤誠三郎を含めた日米のフォロワーたちであると。この三者が、色川時代に新しく登場してきた民衆史歴史家たちの共通の論敵で、越えようとした相手であると言っているわけです。

そういうことを受けて先程の話にもう一回戻るわけですが、これらの人たちがマルクス主義とか、モダニズムとか、丸山さんやライシャワーさんを含めてもいいかもしれませんが、なかんずく前の二つの人たちの近代の捉え方は、あるべき近代、つまり現実にあった近代をあるべき近代に照らしながら再検討する、という点で共通していたんだという言い方をしているんです。とりわけ戦後に起こった様々な事件、なかんずく一九六〇年の日本の安保危機、一九六八年のパリ、そしてベトナム戦争後のアメリカに対して、このような批判はより深く掘り下げられています。というふうな形で日本の安保危機、あるいは安保騒動を評価する。こういうところにグラックさんの基本的な考え方が現れていると思うんです。

もう少し先へいくと、別のところで彼女はこういう言い方をしています。丸山さんとか遠山茂樹さん、彼らは実は私（渡邉）などが明治維新の勉強を始めた時代の輝けるスターです。また、社会経済史の大塚久雄さんですが、この人たちはグラックさんに言わせると、近代後期（late modern）の歴史家、思想家であったと。つまり、近代が終わりかけている時期の、post modernとは言わない、late modernの歴史家であると言っていて、その点でフランスのブローデルとか、トムソンやフィッシャー、この二人について私は全然知らないんですけれども、こういう人たちと共通の立場に立って、late modernという立場から近代を振り返っている人たちであると。そして、late modernをどう乗り越えるかという問題意識から歴史に取り組んだ人たちである。こういうふうなことを言っているんです。で、こういう人たちは一八世紀後半からの、いわゆる近代の伝統を踏まえた思想家たちである。彼らは近代社会を正す方向を提示しようとしたと。英語で言うと、public historyとかradical historyという言葉があるんだそうですが、いわばこういうタイプの歴史家であるというふうに彼女は言って、遠山茂樹、丸山眞男、大塚久雄をそのなかに入れて考えると言っています。

しかし、七〇年代以後、いまの人たち含めてこれらの「近代のプロジェクト」（ハーバーマスの言葉を引用しているわけですが）の試みは勢いを失ったと。つまり、「近代」という基本的な前提そのものがもはや使い果たされてしまったのであると言う。先程言ったマルクス主義もリベラリズムも、あるいはモダニズムも、あるいは近代化論も基本的には一九世紀以来の近代のパラダイム（ここではそういう言葉は使っていませんが）を前提としながら、その中であるべき近代と、現実の近代を比較しながらどうやって現実の近代の間違いを正すか、という形で歴史に取り組んできた人たちがいたのであるが、その前提そのものが今や使い果たされてしまったのである、というふうなことを言っています。したがってこういう意味で「近代後」に歴史家は突入したと言うのです。やや付け足して言うと、それにもかかわらず日本の戦後歴史家たちは、戦後、戦後といつまでもしがみついていて「近代後」という新しい時代に入ったことをあまり明確に認識していないのではないだろうかという批判が、行間から伝わってくるように思います。

つまり、近代後の歴史家は、そういう意味で新しい歴史を書くべく迫られているんだということになります。こういうふうないわば先進国に共通の一種の「近代後」という新しい形の不安。いままでは近代を大前提として、あるべき近代と現実の近代と対比させながらいろいろ議論してきたのだが、もはやそれができなくなって「近代後」という新しい不安にとりつかれるようになっているのが、いまのわれわれの世代の歴史家であると、こう言っているわけです。これは今日のメインのテーマから逸れるかもしれないけれども、私が後で言いたいこととの関連で、グラックさんとともに少し脇道に逸れてみると、これは共産主義国や第三世界諸国にはない問題意識であり、いわゆる先進資本主義国といわれる国に共通の問題として、近代後の不安を抱えているというわけです。

彼女のコメントをもう一つ紹介しますと、日本の高度成長期は、いわば狭い意味の戦後が始まって何十年か経っている。明治国家が成立して、明治二〇年代に入ると、それまでに様々な可能性（例えば自由民権とかいろいろあった）があったが、そこに天皇制国家というものが確立して、いわゆる体制ができあがってきて、それらは行き詰りになる。一つの時代が終焉して、様々あったかもしれない政治的可能性というのは行き詰って、社会的な視野も狭まっていって、歴史家が未来から目を逸らし始めるのが明治二〇年代であった。それとちょうど似て、高度成長期は戦後においてそういう役割を果たした。こういう意味で戦後が終わるわけです。いま言ったように、近代がこの時代に終焉すると同時に、戦後も終焉するということであって、二重の挑戦にさらされているということになる。

ここで話を締めくくりたいんですが、非常に面白いのは、彼女は戦後を三つの時代に区分しているんです。一つは一九四五年から五五年で、これは再建の時期である。これが、彼女に言わせれば本来の戦後なのでしょうね。で、五五年から後の、升味準之輔さんの言う「五五年体制」確立後の時代ですが、それから七二年までは高度成長の時代になる。すると、七二年から後は何になるんでしょうか、そこでのテーマが分かりませんと。こういうふうに彼女は言っている。

で、なぜこのあたりのレジュメに五百旗頭、猪木、渡邉と書いてあるかというと、ご承知のように、中央公論から出した『日本の近代（全一六巻）』（一九九八～二〇〇一）で、どういう時代区分をしているかと考えてみたら、実は五百旗頭さんが一九四一年から五五年を、いわば戦時と戦後として、狭い意味の戦後としてまとめた捉え方をしている。これは別に五百旗頭さんがやったというより編集者の人たちの問題意識が反映しています。そして、五五年から七二年の高度成長までが猪木武徳さんで、私に与えられたのが七二年からなんです。この間『日本の近代』の帯をみたら、私の巻がまだ出ていないときに、渡邉昭夫が何を書くか、「国際化の試練」と書いてあるんです。それで、私はこの巻を書くときに困って七〇年代、まさにグラックさんが言うクエスチョンマークの時代、七二年からは一体何がテーマとなる時代なのだろう…。七二年から後の一番新しい時代の日本は一体何なのだと考えると、よく分からない。しかし「国際化の試練」ではないんじゃないの、と思ったからそれを蹴飛ばしたんです。そしてどうしようかと悩んだ。最後まで悩んで、「大国日本の揺らぎ」という言葉を苦労してひねり出したわけですが、揺らいでいるのは実は著者である私自身ですよ。日本が揺らぐ前にこっちが揺らいでいて、どうしていいか分からないと思いながら、結局答えはなかったんですけど。

グラックさんはまったくそんなことを意識しないでこの三つの時代区分をやっていると思うんですが、ある意味でこれと対応するような感じに中央公論の『日本の近代』もなっているわけです。さて、七二年以後は一体何だったんだろうか、ということを改めて考え直してみて、私が死ぬまでの間にこのテーマで何か書けるのだろうか、あの本を書き直すことができるかどうか。できるとすれば一体どういうふうに考えて書き直すのか。（まさにグラックさんの言う）歴史で考える。この時代について何か意味のあることが書けるのだろうかという問題を、今日の話を進めながら考えついたということです。

参考文献について最後に言っておきますと、なぜレジュメの五番に佐藤誠三郎氏の『「死の跳躍」を超えて』（都市出版、一九九二）が出てくるかというと、ご承知のように、氏の『「死の跳躍」を超えて』はかなり前に出た本ですが、絶版になったので千倉書房で二〇〇九年に復刻版を出してもらいました。そこに、今までの版になかったものとして、丸山眞男論が付けてある。佐藤さんは一九九九年に亡くなっています。その三年前（一九九六年）に「中央公論」に出したのが丸山眞男論です。僕は今日の報告の準備をした後に、佐藤さんの丸山眞男論を読んでみました。なるほど、なるほど、と。いま議論したことが全部ここに書いてあります。ある意味で彼の遺作か。丸山眞男批判ということでずっと書いてあるんです。今日は時間をあまり使ってもいけないので、佐藤さんが、この丸山眞男論のなかで何を言おうとしているかは直接には省きますが、とにかく今日お話したことの一つの背景としてそれがあるんです。

非常に面白いのは、北岡伸一さんがこの本の序文で、佐藤先生は、戦後についての丸山眞男さんの論説は系統的に間違っていると言っていると書いているんです。考えてみると、佐藤さんは、そういう言い方で丸山さんを批判したのか、そうではなくて褒めたと言えなくもない。というのは、系統的に間違っていると言うんですが、私も多分間違っているんです。しかし、私の間違いは多分、こっちの方向に間違っているかと思うと、次にはあっちの方向に間違って、というようにでたらめに間違っている。しかし、丸山さんは流石に一貫している。一貫しているから一貫した立場から間違っている。つまり、佐藤さんが考える「戦後」と丸山さんが考える「戦後」は違う。なぜかというと丸山さんの立場は一貫している、その一貫した立場から系統的に間違っていると。こういう表現が出るんだと私は思ったんです。そう思ってみると、丸山さんが思想家として、あるいは歴史家としていかに一貫していたかということを、いわば裏の形で佐藤さんは言っているんだ、というふうに、丸山眞男論は読めるんだろうと私は思っているんです。それに引き換えて言うと、私はなんだか恥ずかしいことに何ら一貫した見方もなくて、揺らぎに揺らいでいるということになるのではないか、ということを、佐藤君の丸山眞男論を読みながら改めて思いました。それから三年後に亡くなったので、これがある意味で彼の遺言みたいなものになってしまいました。

後はまったくの付け足しですが、歴史学と政治学とこうおっしゃるものですから、私は青山学院大学の最終講義で「日本外交のプロレゴメーナ」というわけの分かったような、分からないようなテーマの講義をしたわけです。プロレゴメーナというのは実は私が、明治大学の大学院時代に接した老大家・神川彦松先生（神川彦松先生の私は最晩年の弟子なんですが）に「日本外交のプロレゴメーナ」という論文があるんです。それで私は不肖の弟子として、そこのところだけを真似て、プロレゴメーナという言葉を使ったのです。ある人がこれは何のことか分からない、何の意味でしょうと言ったので、多少は分かりやすいということで、「歴史学と政治学との対話」という副題をつけました。そこで、歴史学と政治学の関係を議論していることは間違いないんです。そこで『青山国際政経論集』（第五四号、二〇〇一）をここにもってきました。

その後、コリン・エルマン（Collin Elman）という人の書いた *Bridges and Boundaries : Histories, Political Scientists and the Study of International Relations*（MIT Press, 2001）という本を私の若い研究者仲間が翻訳したいというので、私に監訳を頼んできたことがあります。そのときに、私の最終講義のタイトル「歴史学と政治学との対話」をこの訳本の副題に使わせてくれと言うので、いいでしょうということになって、その本の題名が『国際関係論研究へのアプローチ—歴史学と政治学との対話』（渡邉昭夫監訳、東京大学出版会、二〇〇三）になったんです。その本に、私が二、三ページの短い解説を書いたのですが、政治学と歴史学の問題について私がどういう角度からこの何十年間か仕事してきたのかということについては、そこで多少触れているので、今日は、勝手に私もかなりのところまで自分史にも及んだところが多くなりましたが、それについて生な形でお話するのはできるだけ控えました。

升味準之輔『なぜ歴史が書けるか』

最後に、升味さんについてです。『なぜ歴史が書けるか』という題になっているのですが、私の都合で言い直してみると、「どうして人は歴史を書くのか」になります。「どうして」はwhy「なぜ」というのとhow「どのようにして」という二つの意味、つまり歴史の書き手という立場から、かなり踏み込んで、歴史学方法論といっていいのかどうか分かりませんが、それこそ政治学との間の関係ということについて一連のことを升味さんは書いています。非常に味わい深い文章が並んでいるので、ここで下手な要約はしないほうがいいだろうと思います。升味さんの「どうして人は歴史を書くのか」という問題提起、あるいは「なぜ歴史が書けるのか」という問題提起に関連して言うと、一体「Doing history」ということ、つまり「歴史を書く」という以外に歴史についてのどういう対峙の仕方があるのだろうかと。つまり「歴史を書く」以外に歴史を考える方法はあるのだろうか、という問題提起を活かしてみると、どういった答えになるのだろうか。これも問題提起だけでとくにこれという答えがあるわけじゃないんですが、この三冊を読みながらそういうことを考えたということです。

政治学者升味と歴史家升味で、私はどちらかというと歴史家升味のほうに、惹かれていたのだろうと思います。升味さんにとって一体「近代日本とは何だったんだろうか」。先程言ったように、「戦後とは何だったのか」というと、これまた再び、升味さんの残した膨大な書物を全部読み返してみれば、いろんなところに答えはあるのかもしれませんが、これという形ではまとまった議論は実は見当たらないんです。

さて、「戦後とは何だったのか」を皆さんに議論していただければと思いますが、一つ、非常に意味深長なことが升味さんの本のなかにあって、近代日本について書くのは非常に楽しい作業であり、できればもういっぺん書いてみたいというふうに七〇何歳かの升味さんはおっしゃっている。しかし、日本の近代史は「苦く悲しい痛嘆と鎮魂の物語」であるという、きわめて意味深長な一句があるんです。ここから何を読み取ればいいのか。近代日本についての升味さんの「Doing history」、あるいは「歴史で考える」という立場からすると、先程ナジタさんやグラックさんが提起している問題に対して升味さんならどう答えるのでしょうか。今、私には答えがないんですけれども。

そういう問題意識でもういっぺん升味さんの書いたものを読み直してみないといけないのかもしれません。とくに戦後についてはどうか。戦後についてはご承知のように、スカラピーノと彼とが共同で書いた本のなかで、いわゆる「一か二分の一政党」というのが「五五年体制」だと言っているのは有名な話です。そこに政治学者としての升味準之輔があるわけです。しかし、戦後史というのがどういうふうに彼の中にあったんだろうか。先程言った保守対革新、それはけしからん、間違っている、なかんずくアメリカとの関係でこれは間違っていた、と考える人たちと、そうではなくてアメリカとの関係を受けて戦後の日本は基本的には正しい選択をしてきたんだと、考える人たちがいます。いろいろ問題はあったとしても、正しい選択をしてきたという立場に立つとどちらになるのか、よく分からないんですが、非常に意味深長なのは、彼が戦後について書いたのは、一九四五年から五五年までが『戦後政治』、五五以後は『現代政治』です。少なくともこの二冊の本の題では二つを区別しているわけです。この背後には何があるのか、もう一つよく分かりません。ある意味ではキャロル・グラックに答えているわけです。戦後の日本と現代日本とは区別すべきだと彼女は言っているからです。したがって、いつまでも戦後、戦後ではなくて、戦後という時期が終わった後は、現代の日本だと。で、現代の日本とは何であるのかということから考えなければいけない、ということを升味さんは意識してこのように分けたわけではないかもしれませんが、「戦後政治」と「現代政治」という使い分けをしている、ということが一つの手掛かりになるだろうと思うのです。

そこで、次の四番（レジュメ最後の参考文献）に行く前に、一つだけ付け加えますと、この中で、『なぜ歴史が書けるか』の中でも、例えば『比較政治（全三巻）』（東京大学出版会、一九九〇～一九九三）という本の内容を考えながら書いている章と、『日本政治史（全四巻）』（東京大学出版会、一九八八）を踏まえて書いている章と、いろいろあるわけです。明治以後の全部がつながる広い意味での長い近代史は、私のみるところ第四章の「歴史伝記研究」に現れています。そこでは西郷と大久保とか、大久保と木戸とか、という話から、私の記憶に間違いがなければ『日本政治史（一）』の中でこう言っています。僕は……それこそナジタのいうところの翻訳だね……昔の人の書いた文章を自分のイマジネーションで書きかえる、ということです。実際に見たことも聞いたこともないのに、西郷とか大久保とかという人物が沸々として浮かんでくると。僕が知っているはずの鳩山一郎とか岸信介とか、芦田均とかはイメージが全然浮かんでこない、なぜだろうか。ということを確かどこかで書いていたと思います。つまり、ナジタさんの言うところの翻訳です。歴史の対象となった人物が残した文章を、時代を隔てて読む自分との関係というのは、時代が遠いから非常に遠くなって、時間的に近いから近いということではないんです。一体どうしてこうなるんだろうか。確かに、西郷や大久保について書いていているときの升味さんは、実にいきいきとしています。先程言ったように、いかにも楽しんで書いているところが現れている。しかし、日本近代史の全体をみてみると、「苦く悲しい痛嘆と鎮魂の物語」であると、こう言うんです。先生、これがあなたの遺言ですか、これで一体何をあなたは言いたかったのでしょうかと、あの世の升味さんに私は問いかけてみたいのです。

これで、今日の私の話は一応終わるわけですが、なぜ最後にトニー・ジャットを出したかといいますと、『ヨーロッパ戦後史（上下）』（森本醇訳、みすず書房、二〇〇八）をたまたま読んでいて、これは上下二巻の膨大な書物なんですが、上巻が一九四五年から一九七一年で、下巻が七一年から二〇〇五年です。トニー・ジャットは『ヨーロッパ戦後史』で何を書くのか。一九八九年のベルリンで終わったと言い、この時点から遡ってヨーロッパの戦後史をもういっぺん見直すんだということが彼の問題意識にあるようです。そこで、『日本の近代』というのは先程触れた中央公論の全八巻のシリーズ（中公文庫版）です。

升味さんが、この本の最後のほうで夢として書いているのは、その「苦く悲しい痛嘆と鎮魂の物語」である近代日本についてもう一回書き直してみる、これが彼が最後にもっていた一つの夢なんです。そして、もう一つは、「傲慢なアメリカに絶望した」とトインビーが言っているのを引き、その言葉を借りて、升味さんが言っているのが升味さんの考えていたことを知る一つの手掛かりになります。トインビーの言葉の直接のきっかけとなったのはベトナム戦争だったかもしれません。トインビーの後に、「西欧の支配後に来るかも知れない東西融和」ということを升味さんはこの本の中で言っています。中国のこと等々に触れながら。中国論は正面からは言っていないんですが、そこに現れているのは一体何なんだろうか。アメリカに対する彼の考えがちらっと出ています。「西欧の支配後に来るかも知れない東西融和」というのは、日本の近代が一貫して取り組んできた「東対西」で、ナジタさんが「東対西」ではいけないといったのがこのテーマです。一体どういうふうに升味さんとしてはこの問題を受けとってきたのだろうか、ということなんですね。

それにちょっと乗っかって、レジュメに「渡邉の夢」と書いたんですが、ヨーロッパ戦後史が書けるんだったら、なぜアジア太平洋の戦後史が書けないのだろうかと、ということを私は考えていたんです。なぜ日本史はいつまでも日本史なのか。それこそ戦後史をどう扱うのか。ついでに言いますと、なぜ「渡邉の夢」と書いたかというと、高等学校の日本史の教科書に『日本史A』と『日本史B』があるんです。BはAの二倍の分量でかなり詳しいのですが、近現代史に重点を置いているのはAです。Aは古代史からは簡単に済まして、幕末のものごとが動き出すころから詳しく書き、明治以後、そして戦後になる。こういう構成になっています。山川出版社で出している教科書で、私が戦後を担当しています。幕末の頃を書いているのは三谷博さん、真ん中が鳥海靖さん、私が最後の戦後を担当しています。この間、新しい原稿を渡しながら山川出版の人と議論したんです。戦後史が近代史の一部として最後に付録みたいについているという状態でいいのだろうか。戦後史は一つの独立したものとして書かれるべきではないだろうか。何とかなりませんかと編集者が言うんです。山川の『日本史』は実のところ東京大学文学部の日本史の先生たちが書いている。それで、歴史の先生のところに持っていっても駄目だから、政治学者はじめ社会科学者と共同でやらないとこれはできません。戦後日本を一つの独立した、一冊になるか二冊になるかは別にして、何とかならないですか、と彼がちらっと言ったんです。そのとき私は「そうだね」と言ったんですが…。

その後、今日の報告を準備しながら考えたのは、待てよ、戦後の日本史を取り上げるときには、縦糸としての日本の近代という長い話の一つ、部分として位置づけるのは確かに必要だけれども、もう少し広いアジアとの横の関係を捉える視点がなくてはならない。アメリカを含めてアジア太平洋が一つのものとしていま動いてきていると思っていて、まさにいま横浜でAPEC首脳会議が開催されています（二〇一〇年一一月）が、そういう一つの、つまりヨーロッパ戦後史も一つのヨーロッパが現実に動いているということを基盤にしながら、歴史家がそういう仕事をするんだろうと私は思うんです。そうすると、ある程度はアジア太平洋も一つのものとして動いてきていて、それが一九四五年から後の、つまり日本のあの戦争が終わって後の一つの時代の中で相互のやりとりがあって、今の中国があり、今の韓国があり、今の東南アジアがあり、今のアメリカがあり、今の日本があるんだ、ということになると、それら全体を包む一つの共通の歴史意識が形成されてもおかしくないのではないだろうかと。そういう形で「歴史を考える」あるいは「歴史で考える」という考え方があってもいいのではないかと。そうしないと、非常に狭い意味での歴史意識とか歴史問題に陥ってしまって、南京がどうした、こうしたというところから一歩も超えられない関係がずっと続くので、何とかならないだろうか、ということを最後に申し上げて、まったく夢の夢ですが、そういうことで、とりあえず話を終わらせていただきます。

質疑応答

雨宮　グラックさんが、民衆史研究が六〇年安保の民衆の積極性から生まれたといっています。他方、もう一つの側では例えば松下圭一さんたちとか、石田さんも、ある意味では丸山さんもそうだと思うんですが、農村が動かないとか、ごく一部しか動かなかったと。で、日本の農村を何とかしなければならないという議論がずっとされて、それが地方自治体改革などになっていく流れがあります。それは一体、どういうふうに考えたらいいかと。六〇年安保の総括の仕方みたいなものに二つの流れがあるのというのが一つあります。それで、お考えをお聞かせください。

ついでにまとめて申し上げますが、グラックさんは日本の知識人は、「戦後」をだらだら使っていて、けじめがなくて問題だ、ということを強く主張しますが、それは僕はいろいろ考えて、『占領と改革』（岩波新書、二〇〇八年）で言及しているんですが、戦後というのは、日本のなかでは、知識人が、近代がまだ終わっていないということでだらだらしているんじゃなくて、もう少し長いレベルでみれば「戦勝国体制」がずっと残っているわけです。「戦勝国体制」が終わらない限りは戦後は終わらないんです。ある意味ではほとんどの戦後は「戦勝国体制」で冷戦が終わっても残っているわけです。「戦勝国体制」であることに対する自覚がないと、日本のへっぽこ知識人がなにを考えようと、ほとんど戦後には関係ない。いや僕らも含めてです。つまりそういう全体的な位置づけが、少ないんじゃないかという思いがしているということなんです。

それからもう一つは、少し長い目でみますと、私たちが今度岩波に書いた一連のものの（『シリーズ日本近現代史（全一〇巻）』）（岩波新書、二〇〇六〜二〇一〇）の中で、戦後歴史学というのは戦争にならないためにはどうしたらいいかという善意にみちたものと僕は思うんですが、それが高度成長の後は終わって、その次の問題として言えば、日本とか国家とか、そういうことを前提に、その前提自体をもう一度問い直して歴史をみるとどうかとかいう問題にいきついたと思うんです。この辺りは、成田龍一さんなどに聞くと非常にいいと思うんですが。そこで、「近代」は使い果たされてしまったというふうにおっしゃいましたけど、使い果たされてしまった側こそ、歴史のなかに再構成の材料を、改めてみざるをえないということを考えざるをえないのではないか。ナジタさんの ***Ordinary Economies in Japan—A Histrical Perspective, 1750-1950*** (**University of California Press, 2009**) という最近の協同主義の本がありますけれど…。

渡邉　誰が書いた？

雨宮　テツオ・ナジタ。さっきおっしゃったような、三浦梅園とか安藤昌益かな。それから戦後の黒澤酉蔵とかですね。協同主義的中身を非常に高く評価しています。その問題と、近代以後の話を逆に近代以前の問題も入れて再構成して見直すしかないんじゃないか、という問題があると思うんです。そんなことについて先生のほうでコメントがありましたらお願いします。

渡邉　確かに、例えば松下圭一さんとかは一切私の議論には出てきません。それから、おっしゃったような農村の問題とか、地方の問題というのは、どこかに書いているとは思いますが。私は完全な形でナジタさんやグラックさんの言っていることを、きちっと再現しているわけではないんで、私が見逃したかもしれません。実はそこは私も気になって、それで佐藤さんが「丸山眞男論」のなかでいっている有名ないわゆる「歴史の古層」、これは、へたをするとナジタが批判しているところのネイティビズムというんですか。だからその辺りは、ナジタが言っているのと、グラックが言っているのとをどう絡めるか、私のなかで整理ができていないんです。しかし、近代というものが行き詰って新しい時代をどう考えるかというときに、一つの手掛かりとして、安藤昌益まで戻るのか、あるいはもっと戻るのか知らないけれど、とにかくそういうふうに日本の歴史のなかに流れている一つの、あえていえば共同体的なものの考え方というのが、どうやっていま再生できるかという問題の取り上げ方があるんだろうと思うんです。その辺りをどう考えていいのか私には分からないんです。

ただ盛んに、とくにナジタには「共同体」が何回かでてくるんです。その場合、必ずしも即農村とは限らないんですけれど。それで話はちょっと飛ぶんですが、ロナルド・ドーアというイギリスの社会学者が、この間一週間ぐらい前に、NHKの「一〇〇年インタビュー」という番組に出ていました。彼もいま八五歳なんですが、ご承知のように、一九五〇年代に日本に来て、戦後の農地改革がいかにしてできたのかを山梨のほうにいって調べたり、それから日本の工場について調べたりしています。それで、言いたいのは何かというと、そのNHKのインタビューの中で、ロナルド・ドーアが強調したのは「持ちつ持たれつ」というのが日本の生き方であるということなんです。やや単純に言い換えてしまうと、日本人はそれをどこで失ったかということです。悪く言うと、アメリカ化されて、あるいは近代化されて、失ってしまったのではないかと。本来日本のなかにあった「持ちつ持たれつ」という、まさにこれこそが日本におけるいわば社会思想史の根幹にあるはずだと。私のいまの言葉で翻訳すれば、そういうことを「一〇〇年インタビュー」の中でしきりに言っていました。それが日本の工場を支えていたし、日本の農村にもあったし、東京などの都市生活にもあるということを盛んに強調していました。なるほどと思いながらその番組を観ていました。

そして彼は、イギリス人にはときどきあるんですが、アメリカに非常に批判的なんです。アメリカ的なことに対して批判的。日米関係、日米同盟を含めて批判的なんです。それと直接関係ないかもしれませんが、とにかく日本は、アメリカといつまでも付き合っていていいのか、雨宮さんがおっしゃったように、アメリカの時代がいわゆる戦後体制であったと。ドーアはそういう言い方してないんですけれど、確かグラックも言っていたような気がする。要するに、戦後はアメリカの時代であったんだと。それで私たちの中で、これはまた話を進めますけれど、伊藤隆さんなんかとやっている研究会のなかで、戦後は終わっているのか終わってないのかという議論をしたときに、そのなかで伊藤隆さんと僕の立場ももちろん同じじゃないし、他の人もいろいろあるんですが、戦後を終わらせなければいけないというのがその場での基調だったんです。それは何かというと、アメリカを超えなければいけないと。アメリカ時代をどう超えるかは人によって別々です。日米同盟をやめるのか、憲法改正をするのか、分かりませんが、とにかくアメリカ時代を終わらせないと戦後は終わっていないんだ、依然として終わっていないという考えがいく人かの人から出されました。

ということと、いまの共同体論と必ずしもつながらないんですが、いわゆる括弧つき近代化ということのなかで、日本には本来、日本の社会を健全な形で形づくっていくために非常に大事な思想史的な資産をどこかに見失ってしまったんではないかという考え方は、いろんな人のいろんなところにあると思うんです。で、この人たちのなかにも、若干あるような感じがするんです。だからナジタが、その辺りの議論をどうするかというのは、非常に関心があるんです。それで今あげたような人たちが、例えば民衆。だから、キャロル・グラックがもちあげる民衆史というのは、彼女の分析によっても、だめになるんです。で、なぜ民衆史はだめになったんでしょう。一時は先程言ったように安保闘争の高揚の雰囲気でもって一種の楽観主義があったと言っています。括弧つき楽観主義があった、ということを言っています。それは長続きしないということです。

それで、これまた自分史に戻りますけれど、近代史じゃなしに近世史に佐々木潤之介という人がいたのをご存知でしょう。実は、国史のすぐ先輩なんです。われわれを引っ張っていた最後のリーダー格でした。日米安保反対で「それ！打ってでよう」というときに、それにつられて樺美智子あたりが出ていった。そういう人なんです。なぜそんな話をするかというと、佐々木さんの専門は江戸時代の地方史なんです。われわれ近代史を勉強する者も全員、佐々木さんをリーダーとするグループの農村資料の調査に行きました。グループで「作業はじめ」と言って、「はいこれ地方文書、これ読め」とか言って、やった人なんです。それでなぜ佐々木さんの話をするかというと、安保反対運動の騒動の最中のあるとき、本郷の前のそば屋で話しながらワーワーやって、彼が「安保で盛り上がった民衆のこの空気を肌で知ってるかいないかで、今後全然違う人生になるんだぞ」と言ったんです。「民衆の高揚を君たちは幸いにして、シェアしたんだと。それを共有しない連中があっち側にいる。そういう奴らと俺たちは違うんだ」と、非常に高揚した気分で言っていました。色川大吉さんと佐々木潤之介さんがどういう関係にあったかは知りませんけれど、一方は江戸時代の地方資料などを使って地方地主がどうなっていたか、寄生地主がどうだとか、なんだかいろんなそういう農村史を扱って、色川さんは、五日市憲法がどうで、この辺りの憲法がどうだとか何とかということをやっていて、専門分野が違うから直接はつながりません。しかし、気分的には同じような思想的グループとして共有していたんだと思います。

だから、色川さん、安丸さん、鹿野さんたちが一体その辺りの問題についてどう言っていたか私自身は知らないし、グラックがその点をどう評価しているのか、もういっぺん読み直せば何かヒントがあるかもしれません。すみませんが、非常に大事な問題でちょっと私が言い忘れたもんですから。

雨宮　色川さんはある意味近代主義だし、丸山さんと違うと本人は言っていますが、意外にベクトルは似てるんじゃないんですか？　もう一つお聞きしたいのは、最後に言われた問題ですが、一九八九年から考えるほうがリアルではないでしょうか？　つまり冷戦体制が終わるということが戦後の時代の決定打になったと僕は考えたいのですが、それは違いますか？

渡邉　いや、私はどっちかというとそう考えているんだけど。ただ、六〇年代、七〇年代に潮流が変わるというのは確かにそうだと思うんです。先程言ったように、どう変わったのか、それと、その前と一体どう違うのか、新しい時代をどう捉えるのかは、依然として僕は、中央公論から頼まれて書くときからずっと分からないままで来ているんです。キャロル・グラックは一九七二年以降はブランク、ナッシング。ここまでは何とか、しかしここからあとは……。だから彼女にも多分答えがないんだろうと思うんです。その後の日本史ないし先進資本主義国の七二年以後をどう捉えるかについては、よく分からないでずっときて、終わっちゃった。いわゆるベルリンの壁で時代をさっと切っちゃう。そういう意味で言うと、戦後というか冷戦体制は、いや Cold War は、これは別のところで、前にも私は書いていますが、だんだんになくなっていったんで、普通八九年で終わったと言われることについても、私は徐々に Cold War は終わったんだと思っています。だから七〇年代ごろから徐々に変わっていったというのが私の見方なんです。

雨宮　それはよく分かりますけど。だけど、冷戦をめぐって五五年体制もできているわけでしょう。

渡邉　冷戦後じゃなくて冷戦？

雨宮　いや、冷戦との関係で五五年があるわけです。

渡邉　そうそう。

雨宮　安保に賛成か反対か、改憲か護憲か。

渡邉　そう。その通り。

雨宮　それから日本的経営の経済体制も、つまり冷戦体制のおかげであるわけです。

渡邉　おっしゃるとおり。

雨宮　日本国憲法が存在するのも冷戦との関係で、安保と相互した関係で存在しているわけです。

渡邉　その通り。

雨宮　そういうすべての要素が相互に関係して、それが全部揺らいで崩れていくのが一九八九年あたりと考えれば、それはもっと前から契機はあったけれども、転機はそこに求めたほうがシステマティックに説明できるんじゃないかと思うんです。そうすると、その後ポスト戦後に対してどう考えるのか、ということになれば、五五年体制をまずどうするんだと。サンフランシスコ体制のあとどうするのか、憲法はどうするんだ、日本的経営もどうするんだという問題を全体としてもう一回考え直すのがポスト戦後の問題であるというふうに整理するのは強引ですか？

渡邉　いや。それがむしろ普通だと思うんです。ただ、八九年でいわゆる国際的な冷戦という時代は終わった。冷戦という意味での戦後は終わった。その冷戦を前提とした戦後日本も終わった。だから両方終わったというのが一番整理しやすいんです。私も、どちらかというとそう考えてきたんですが、しかし、そうすると、四五年から数えるにしても五五年から数えるにしても、ずっと一つの時代だったのかというと、そうではなくて、七二年以後を書けといわれたせいもあるんですが、今度グラックを読んでもういっぺん考え直して、やっぱりあの辺りで何かが変わって、はっきりとふんぎりがついたわけではないんだけれども、何かが変わって今までとは違うんだという時代意識が出てきたわけです。憲法も何とかしなければいけないという議論、日米同盟の再定義とは違うという議論、日本的経営も今ひとつ違うという議論が徐々に出てきて、それで最後のどんでん返しみたいな形で八九年がくるんです。しかし、十分に構えができていなかったからあたふたした。その八九年ぐらいから後が、失われた一〇年とか、バブルの崩壊とか、だらだらと引き継いでしまって、ということになっていると思うんです。ということで、私の悪い癖かもしれませんが、折衷的な立場に立っているんです。

この間、国際問題研究所の「日米同盟五〇年」という特集号があって、河野さんが書いて私も書きました（渡邉昭夫、「冷戦の終結と日米安保の再定義」『国際問題』五九四号、二〇一〇年九月号）。私が書いたなかで、かなり言っておいたんですが、安保だけの話に絞らせていただくと、六〇年というけれど、実は五一年に旧安保ができたときから考えなければいけない。だから「日米同盟六〇年」。おっしゃるように、いわゆるアメリカ時代が始まったのは講和条約と日米安保ですから。そうすると、第一の改定が六〇年安保で、第二の改定が実は七〇年代にあった。いわゆる七〇年安保では沖縄返還があった。それがいかに不十分であったかということも書いていますが、あった。そしていわゆる冷戦が終わったんだと。ベルリンの壁が崩壊したというのが、最後のいわゆる冷戦後だと。この三つの段階でこう変わってきてるんだ、というそういう書き方をしました。それで、その真ん中の七〇年代論というのがよくあります。これはまさに沖縄返還ですけれど、これを契機にしてどれだけ変わったのか変わらないかが非常にあいまいになっているのが問題だと言いたかったのです。

河野　確かに八九年で区切ってしまうと、いま渡邉先生が言われた、もっと微妙な話、つまり七〇年代をどう考えるかという話が捨象されてしまいます。日本の戦後を考えるときには八九年は大きいと、七〇年代ぐらいから、ある種戦後政治学、戦後歴史学のパラダイムはもう終わって、従来のパラダイムでは説明できないもののほうが大きくなってきたのではないかと思います。

村松　僕は国内政治からみているんです。国内政治でみると七〇年代に変化を感じた人が多いんです。先進産業国なんですが、七〇年代にオイルショックがあるんですけれど、その前にサミュエル・ハンティントンなどの敏感な一部の政治学者が日米欧委員会などで、すでに資源の枯渇という問題提起をしているんです。日本では綿貫譲治がでて、統治能力の何かという…。

河野　そうですね。『民主主義の統治能力』（M・クロジェ、S・ハンティントン 著、綿貫譲治 監訳、サイマル出版、一九七六）がありました。

村松　あれなんかが割ときれいにハンティントンの立場を書いてありますが、七〇年代に先進産業国は少しへばって、ソ連なんかも隠しているけどへばって、ただ日本だけが、一人勝ちのように異常に経済が好調だったものだから、日本からみてるとそこが分かりにくかった。七〇年代にすでに国内政治をどうしようかという問題が起きていて、それが、国際的には財政規律の思想を必要とする変化の波はヨーロッパの政治学者は感じていた。その頃国際関係論という領域がすごく発達し、経済関係を含む相互依存論などが出てきた。ある地域の出来事が他国の主要イシュウになった。

渡邉さんの個人史に関心があるんですが、戦後の日本の政治学者として、外国で Ph.D. をとった方というのは、渡邉さんと福井治弘さんが最初じゃないかと思うんですが。

渡邉　そうでしょうね。

村松　そうですね、多分。それで、渡邉さんがそういうお気持ちになったのはなぜなのか、そしてなぜオーストラリアであったのか、ということを簡単に教えてください。何か書いてあるんなら、これを読めと言っていただければいいんですが。

それと、補完的なことで言いたいんですが、日本の保守のほうの議論のなかで佐藤誠三郎の名前がよく出てきますが、彼の登場の前に猪木正道、神谷不二、高坂正堯や永井陽之助が一九六〇年代までの平和論を批判し、インテレクチュアルの歴史家の中では一時期を画したと。

不思議なのは佐藤さんは、一九七二年には無名でした。七二、七三、七四年ごろから突如として大物になった、というのが僕の印象です。不思議な存在なんです。だから、その辺りをどう見ておられたのか。

渡邉　おっしゃるとおり。国際関係と外交の視野は実は今日はあんまり前面に出ていないんですが、猪木先生とそれから高坂正堯さんですね。

村松　蠟山さんの役割は？

渡邉　蠟山さんは私にはよく分からないんです。もちろん、個人的には知っているんですが。それに関連して言うと、例えば、升味先生の外交論、あまりないんじゃないでしょうか。升味さんが、日米関係がどうだとか、日米同盟がどうだとか、日本の外交がどうだとか、つまり外交という観点が、私にはあまり見えてこないんです。国内政治というのがあって、よく分からないと。『なぜ歴史が書けるか』を読んでも実はよく分からないんです。それで、先程言ったように、トインビーを借りて、アメリカをちらっと批判するということもあるんです。しかし、彼自身の書いた文章で、アメリカについての議論はあまり分からないのです。それから丸山さんとの関係も実は私はよく分からないから、むしろ教えてほしいんです。石田、升味は現代政治学辺りでは、同時に出てくる名前だったから、何となく私は丸山門下と思ったんですけれど、必ずしもそうでもないみたいだし、よく分からないところがあるんです。

自分史はどうでもいいですが、私は、さっきから何べんも言っているように、「たまたま」というきっかけで動いている人間なのです。だから、なぜオーストラリアに行ったかと聞かれても、それはそこにあったからって。アーサー・ストックウィンという男が日本の社会党を勉強に東大の社会科学研究所に来ていました。そこに林茂先生という人がいる。アーサー・ストックウィンと僕の両方の指導教授であるデービッド・シソンズという人がまずいて、この人を世話したのが林さんなんです。その縁で、オーストラリア関係の人は大体林さんのところにくる。それでアーサー・ストックウィンもそこへ来たんです。で、私は当時行く場所がないもんですから、しょっちゅう林さんのところに出入りしていたのです。そうすると「おまえ何やっているんだ」とアーサー・ストックウィンから聞かれて、私は居場所がなくて、それが悩みであると言ったんです。そうしたら、「オーストラリアのスカラーシップはこんなにいいぞ。来ないか」といって、「私は全然英語の勉強もしてないから駄目だ」、「英語の手紙一本書いたことないから駄目だ」と言ったら、「いやいや、大丈夫だ」と言うのです。そうして、キャンベラに行って、「英語で博士論文を書け」ということになったのです。

肝心のデービッド・シソンズは当時日本に勉強にきていて、僕は向こうへいってるんです。だから、指導教官としての最初のインストラクションは東京で受けて、それで向こうへ行っちゃったんです。で、向こうに行って、向こうのプロフェッサーについたわけなんです。「なんでお前ここに来たの」と。「他に行くところがなかったから」。きわめて非外交的な返事をして、本当のことを言っちゃった。そうしたら向こうは日本人の学生が少なかったから、歓迎してくれました。

村松　イギリス人で日本政治に関心をもった方が、ちょうど手ごろなころにいたということがあるわけですね。

渡邉　そうです。だから、そういうことで、私は別にアメリカを嫌ってアメリカに行かなかったという強い決意はないんです。とにかく行き先がなかったんです。日本にもない。アメリカにもない。ところがこっちにあったからそれじゃあ行きましょうというぐらいです。それ以外の何の理由もないんです。

村松　しかし、アメリカに行かなかったために、アメリカを見る目が冷静になった?

渡邉　それは言えるかもしれません。

村松　だから外交論をするときに、そのことがあるんじゃないかなという感じが前からしていたんです。

渡邉　それは確かにそうでしょうね。私がいかに生きてきたかっていうのは長いインタビュー（渡邉昭夫、『日本外交へのプロレゴメーナ』）があるので、よろしければ、それをご覧くだされればいいのですが。本当に一貫性がないんです。だって、私はさっきの話で言うと、遠山茂樹がまずあって、明治維新でしょ。僕らの世代は。その時代は、佐藤さんも、伊藤さんも、みんな一緒みたいなものです。要するに僕らがまずやったのは自由民権。だから私の学部時代の卒業論文のテーマは「明治一四年の政変」で、見事に失敗しました。いろんな人が「明治一四年の政変」を書いていて、私は「明治一四年の政変」について何か新しいことが書けるかと思ってさんざん苦労したけれど、結局書けなくって、自己採点するとこの卒業論文は失敗作です。しかし修士にいった。で、そのときに佐藤誠三郎さんは喧嘩して試験に落ちた。「こんな馬鹿なところ、俺を落とすとはそんな馬鹿な、なんだ。こんなところにいれるもんか」と言って。それで彼は、法学部に学士入学して、それで岡先生の門下生になった、ということになるんです。

それで私はどうしたかというと、私はその「馬鹿な」史学科が拾ってくれたんです。それで通った。それで何を書いたかというと、天皇親政と日本立憲主義というのを書いて、何が何だかよく分からなかったんだけれど、書いたんです。そしたら、驚くことなかれ、左の左の『歴史学研究』の編集部からある日、「君の論文を『歴史学研究』に載せたいから、ちょっと長いので半分に分けて二回の連載の形にしてくれ」。それで、修士論文が印刷になったという珍しい例です。

いま言ったように、オーストラリアに、とにかく行くところがなくてどうしようかな、と悩んでいるころにその話があったんです。それで、おかしいな、なんで『歴史学研究』がこんな天皇親政なんていうのを載せるのかと思ったんですが、とにかく出すことは出したんです。それが私の処女論文で、自分の転身先を考えているところだったので、たまたま林茂研究室に行ったら、アーサー・ストックウィンが「俺のところに来い」というからそれで行って、国史学とは縁が切れた。それで何をするかと。デービッド・シソンズという人は、日本の憲法の研究をしていたんです。それで、この人はある意味ディレッタントで、いろんなことをやったんですが。後から分かったんだけど、オーストラリアで日本研究を、とくに現代日本の研究をプロモートしたい。その一つの方法として日本人の学生を呼びたい。こいつに日本のことをやらせようというような気持があったらしい。だが僕の方でも折角外国に行くんだから、研究テーマはオーストラリアとか何とかと研究テーマについて相談したら、オーストラリア研究は俺たちにまかしとけ。君たち日本人がやる必要はない。だから日本のことをやれと。それで、いくつかの研究テーマを出して、これだめ、それだめ、あれだめって、最後に残ったのが沖縄でした。いまでも覚えているけど、第一は東京裁判論をやりたい。第二は朝鮮問題をやりたい。でも、これもだめ、それもだめ。理由は分からないけどだめと。で、沖縄って言ったら、それをやれということになったんです。ということで決まっただけで、全然一貫性がないんです。なんで明治一四年の政変から、天皇親政にいって、そして沖縄にいくんだろうと。

村松　なんで沖縄か、というのは私も同じです。

渡邉　いわれても困るんですよ。

村松　オーストラリア人にとってなぜ沖縄なんですかね。それはどうお考えですか？

渡邉　日米関係がどうなるかということでしょうね。

村松　オーストラリアにいらしていたのはいつごろでしたか？

渡邉　安保騒動の一九六〇年直後です。キューバ危機の六二年にナジタと東京にいたわけですから。だから六三年に行ったんです。だからまだ沖縄問題がやかましくないころ。私が最初に沖縄に行ったときはまだアメリカ時代ですから、池田勇人のサインがある総理府の渡航証明書をもって行きました。そういう時代ですから、いまみたいに新幹線がないから、博多で一泊して鹿児島までいって、そこから船に乗って、那覇に行って、帰りもその船で帰ってきてというそういう時代でした。そこで、なんでというのはよく分かりませんが、シソンズ先生も直接どうだこうだと言わなかったけれども、僕の推測では日米関係でしょうね。日米関係の一つの大きな問題として沖縄がある。これについてどういうふうに、ということだったと思うんです。でも、私はいまでも覚えているんです。ワーク・イン・プログレス・セミナーという博士論文について大体構想が決まって発表する。当然沖縄は日本に返るべきだ。つまり沖縄返還論、あるいは祖国復帰論というのを当然の前提にしてしゃべるわけです。すると、その根拠はなんだと、彼らは聞くわけです。それで、言葉が共通だ、云々…。だって英語をしゃべったってカナダという国があるし、オーストラリアという国があるし、イギリスもあればアメリカもあるし。なんで沖縄が別の国であってはいけないのかというわけです。

いまでもよく覚えていますが、そんなふうなことで、面白かったですよ。まったく素人の人で、「なにやっているか」と言うから「沖縄問題をやってます」というと、「沖縄ってどこにある」と。「この島です」、「ああそうか」と。これらの人たちが考えるのは金門、馬祖なんです。「ああ、あのへんの島か」「あっ、あの島か、金門、馬祖か」と。「いや違うんです。沖縄という島があるんですよ」と。そういう時代ですから。

というわけで、自分史といわれても、非常に困って、正直いって、私もなんか偉そうなこと言って、政治学がどうたとえば社会科学というと、ナラティブ対アナリシスという。僕らのころは、君のはディスクリプションがあるが、アナリシスがないと、こういう話です。ナラティブとは一体誰がいつごろから言い出したのかは知りませんが、最近の若い世代の人たちに聞くと、ナラティブ、ナラティブと盛んに言うから、最初何言っているか分からなかったけれど、そしたらどうも「物語」みたいですね。

ついでに、最後に冗談を一つ言いますと、ジェンダー論が盛んでしょ。ジェンダー論のあるグループの会合に行ったら、こういう議論を聞いたんです。「ヒストリー」という言葉がいけない。「彼の（his）」物語だと。だから「ハストリー（her-story）」があってよいはずだって。そのときは冗談だと思って聞いていたら、最近あるグループが出している「ハストリー」という出版物があるんです。これは学会じゃないですよ。ある運動団体が出している出版物なんですが。それで、そのグループが、「先生、私たち本を出していますから」と言うので見たら、「ハストリー」と書いてあるんです。

また話が逸れましたけれど、そういうわけで、先程言いましたけれど、八〇歳に近くなって、そろそろ幕引きということです。どうやって幕を降ろす？　今まで何をやって歴史家と、だとか言うけれども、それで沖縄、それこそ、沖縄問題をやることがまず決まったんです。それでどう料理するかと。政治学には何があるかとかいろいろ聞いて、それで最後に政策決定論的なものにいきつくわけですけどね。それで、何でしたか、いわゆるガバメンタル・プロセス論とかなんかいろいろあったじゃない。ああいうのがあって、どうのこうのと言って。そうすると向こうは、大体イギリス系で、アメリカ系の学者もたまにいるんですけど。イギリス系の学者はめったにそういうことは言わないんですけど、私が沖縄問題というと、「どういうモデルを使うか」と。「モデル？　そんなのないよ」と。それから、よく指導教官に言われたのは、アナリシスだと。ディスクリプション対アナリシス、というのが彼らの言い方です。「君の言っているどうだこうだというディスクリプションは分かるけれど、アナリシスはどこにあるんだ」と、こうくるわけです。僕にはディスクリプションとアナリシスという区別はなかったから、困った。それで最近、今日は言わなかったけれど、最近の人は、ナラティブという言葉をよく使うんです。それで、あえて言うと、ディスクリプションは「記述」で、ナラティブは「叙述」だと、こうくるわけです。そして「分析」と。こういうふうにして歴史家と、きたのか考えると、われながらよく分からないんです。正直分からないんです。一体何をやったんだろう？　せめて佐藤君に「君は系統的に間違っている」と言ってほしいんですが、「お前のはめちゃくちゃに間違っている」と佐藤君なら言うんじゃないかと思うんです。忸怩たるものがあります。

村松　佐藤さんが何者であったかというのも、ちょっとした議論ですね。

雨宮　その後の自分史はあるけれど、ちょっといま言う気はないけれど。彼は酒の席で僕に、「俺は当時左翼でね、世の中どんどん悪くなると思ったけれども、それは間違っていると思ったから、潔く丸山や京極門下に下って、やり直したんだ」というんです。

渡邉　だれ？

雨宮　佐藤誠三郎さん。それからまたもう一回丸山さんを批判したわけだから、三回は変化されたんです。それから林茂先生は私の先生ですが、ついでに言っちゃうと、八九年に全部始まるんじゃなくて、その前に、言葉の問題として現代政治学と戦後歴史学と、それから現代歴史学の違いがあるんじゃないですか？　それからもう一つは、戦後政治学と現代政治学はレヴァイアサン政治学でしょう。その違いのもつ意味が七〇年代、八〇年代に始まっていることは事実で、しかもそれ自体が冷戦体制を崩すようなものとして議論したほうがいいと、そういうことを僕は言っているわけです。

村松　あの、いいですか。ナラティブという言い方は外交史の方々も使っておられますか？

渡邉　外交史の人も。

村松　ナラティブは私の理解では、やはりディスクリプションがある。だけどコアではアナリシスがある。

渡邉　なに？

村松　中心部分でアナリシス。この派には合理的選択論が多いのです。

渡邉　なるほど。

村松　それで、歴史学的な感覚と現代分析とが、わりあいうまくつながっているところがあるんです。

渡邉　ああそうか。そういう捉えかたですか。

村松　せっかくたくさん話題があってもったいない感じですが、グラックについて雑談を一言。一九八〇年代だと思います。グラックと七時間一緒に過ごしたことあるんです。ニューヨークで「コーラスライン」というミュージカルを見にいって、全部は僕には聞こえません。「いまなんて言った」と聞くと、さっと解説してくれるんです。その帰りに、蟹の店に彼女が連れて行ってくれました。蟹を食べながら英語で話すというのは辛いですよ。日本語でも沈黙しますからね。とにかく日本経済が隆盛のときは、各分野の人が日本に関心を持ってくれました。

福永 今日は非常に面白くて。ただ僕は先生の『大国日本の揺らぎ』、あそこで書かれたことのなかの悩みについていろいろと考えられたということをお聞きすると、あの本がまたすごく面白い。僕は大体揺らぎが好きなんで。もう一つは、七〇年代に僕は大学入りましたけれど、そのころ色川人気がありました。ただ、大学に入るころはまったく面白くなかった、色川の文章が。最初は面白いけれど、なんかパターンが一緒というのもありますし。あそこで言っているのは民衆史ではないんじゃないかというふうに思って、大学院時代からはもう読まなくなりました。とにかく入ったころは、流行っていました。

渡邉 色川時代があったわけだ。

村松 京大では人文科学研究所が色川大吉を採用しようとして、必死に説得したんです。だけれど断られちゃった。

河野 だれが断わったんですか？

村松 色川さんです。京大人文というのは面白くて、さきに教授会が採用を決定しちゃうんです。みんな来るはずだと。でも、断られた例は、いくらもあるんです。

戦後体制─行政学と地域の視点から

村松岐夫

村松です、よろしくお願いします。最初、地域、行政というような言葉を含んだタイトルでご案内をしているものですから、その内容を期待された方からいうと裏切られたということになりそうなんですけれども、私なりに戦後政治学の一部について話をさせていただきます。地域という議論は、今多少調査していることもあるので、まったくできないことはないとは思ったのですが、今日お話しすることは標題とは違った雰囲気の内容になります。

私は長く京都にいて、突然のように東京に来て仲間ができたものですから、自分自身を紹介するという機会を求められることが多く、それで自分自身がやってきたことが何であろうかということを考える機会が増えました。それで、占領改革期をやっていた人とか、戦後一〇年ぐらいあたりに焦点を当ててやってきた人とか、戦前に焦点を当てて戦後を見ていた人とか、そういう方々にお会いできるようになって、自分自身が本当に変わったルートで政治学をやるようになったことを痛感しています。以下、主として自己紹介の話です。

研究生活の始まり

私が勉強を始めたのは一九六二年、京都大学法学部の助手になってからです。助手のときにすでに給料をもらっていましたから、一種のプロとみなされていました。しかし、それが最初の私の負担でした。助手なんだから何でも知っているだろうなんて言われても、知っているわけがないんです。私は京都大学に一九五八年に入学して六二年に卒業したのですが、途中安保が六〇年にあって、現実の「政治」に関心が向かう機会はあったわけです。ただ私には自治委員が「情勢判断」とともに主張する安保がそれほど重要な問題にも見えず「学問」の方がより重要でした。人に言うと笑われますが、法律学が好きでした。京都大学では政治学の単位をあまり取得していませんでした。それで取った単位がどういうものか、昨日調べたんですが、卒業に必要な単位が八四で、法律系が七二単位、外国語・外書講読が一〇単位、政治学系四単位なんです。その四単位で何をやったのかというと、行政学だったんです。しかも、講義を聴いていないので、それで、ノートが足りないんです。ところが私の友人で、その日に「民法Ⅲ」を受ける人がいた。彼は「民法Ⅲ」と一緒にもう一つ受けようと思ったわけです。「民法Ⅲ」はヘビーで、債権各論なんかを入れると難しいんです。だから、後に公務員になったその友達が「ノートをやるよ」と言ってくれて、その行政学のノートをもらって単位を無事とって四単位です。それだけですから、助手になったときに「政治学知っているだろう」と言われて本当に困った。当時のことをもう一つ言えば、同級生で学者になったのが商法と民法で一人ずついました。政治学からは、なかなか研究者が出なかった。私より前に政治学をやった人としては、矢野暢さんと木村汎さんがいて、これが私の直近の先輩で、あとの後輩は五百旗頭真さんです。大嶽秀夫さんは後輩というわけではなくて、その頃は見たこともなかった。

そのときの京都大学の政治学の教授は、長浜政寿、立川文彦、猪木正道といった人たちでした。助教授に、脇圭平、福島徳寿郎、勝田吉太郎、野口名隆、高坂正堯といった人が並びます。教授が本講義をするのですが、福島さん、勝田さんは講義をしておられた。脇さんは就職の頃はドイツにいてお会いしなかった。福島さんは、長浜門下で兄弟子という関係です。高坂さんはアメリカにいました。学生時代に政治学の講義に出なかったことは話しましたが、助手になってからも、政治学をやっている人にあまり会う機会がありませんでした（実際には、長浜門下にも政治学者が何人かいて少しは交際が始まりました）。

はじめは研究室に朝一人で行って、一人で帰ってくるという生活でした。仲間がいないんです。大学院にも政治学はほとんどいない。そういうなかで、日本では行政学が未完成だから頑張れという感じの抽象的なインストラクションが長浜先生からありました。

長浜先生には『行政学序説』（有斐閣、一九五九）という本があるんですけれども、あれが長浜行政学で、当時の法学部研究者の研究方法がよく現れている。講座に関連する分野の外国の諸理論を摂取して、それに批判的な検討を加えながら日本に合うように、それぞれの分野で諸研究が体系的に成立する方向を模索し、成果を人生の到達点でモノグラフとして出版する。それが博士論文になる。教科書が必要とされる分野であれば、博士論文の内容を基礎にした教科書を書く。教科書の理想は「体系書」であると考えられていた。当該分野を、何らかの意味で体系的に書くというのが、当時の学問のイメージだったのかなと思います。

ここで、辻清明先生の『行政学概論（上）』（東京大学出版会、一九六六）に触れておきたいと思います。これは『下』も予定されていて、『下』には各論があるはずだったんです。辻先生の『(上)』と長浜先生の『行政学講義Ⅰ』（有信堂、一九七一）とが対応していました。長浜先生も『講義Ⅱ』が結局出なかった。『行政学概論（上）』と『講義I』は情報源が似ていて、ドイツ行政学やアメリカの行政学など、学説史が大半を占めています。

私は、政治学についても行政学についても、何を読めばいいのか悩みました。ドイツのデネヴィッツという人の『ドイツ行政史（*Verwaltungs Geschichte*）』という本があって、私は最初にそれを読みましたが面白くなかった。アメリカ行政学に転じました。長浜先生からアメリカ行政学の教科書を数冊紹介していただいた。私の勉強法は、それらのテキストを全部ノートに翻訳するという方法でした。というのは、当時の私には行政学の英語は難しかった。下水道とか郵便受けとか、行政学にはアメリカに住んでみないと分からない単語がたくさんあるんです。全部翻訳したのは、不得意な英語の克服と単語を覚えるという目的のためです。無駄なことをしたのではないかもしれませんが、惨めなスタートだったと思います。どのように研究をするのが適切かは、まったくわかりませんでした。

東京ではどうだったかというと、私の一世代前に阿利莫二、赤木須留喜、佐藤竺、高木鉦作、河中二講、渡辺保男といった人たちの論文が次々と出て活発に研究が始まっていました。

井出嘉憲さんがアメリカ行政学に一番コミットしたと思います。井出さんは、アメリカの組織論とかヒューマンリレーションズの研究をして、これらから「今後の行政学」の手掛かりを得ようとしていたのかもしれません。途上国の行政学研究をしたフレッド・リッグスという人の *Ecology of Public Administration*（Asia Publishing House, 1961）を紹介したりして新味を見せていた。当時、アメリカも日本も「近代化論」が盛んでした。

佐藤竺さんと高木鉦作さんとは割と親しくしていただいたのですが、自分たちは外国研究をやらないので「学がない」と自分で言っていました。にやにや笑いながら言っていたんで、たぶん内心は自信があったんだろうと思います。全体として言えば、東京大学を含めてまだ行政学の研究成果が出ている段階ではありませんでした。助手になってからすぐに、佐藤さんの地域開発の研究（『日本の地域開発』、未来社、一九六五）が出た。その後は、ぽつりぽつりと本も出始めるのですが、そういう頃でした。西尾勝さんが何をやっていたか。ハーバード・サイモンなど似たものを読んでいたこと以外はあまり知りませんでした。京都では先輩として、東京で活躍し始めていた人たちと同世代に加藤一明さん、兵頭泰三さんがいました。さらに先輩に足立忠夫さんがいますが、最初の頃交流は少なかった。*

アメリカ留学時代

外国に早く留学するのがよいということでアメリカに行きました（より適切な言葉で言えば当時、京大に滞在していたアメリカの政治学者や歴史学者の卵がいたこともあって、外国留学には早くから関心がありました）。アメリカに行ったきっかけは猪木正道先生です。猪木さんはシュタインの翻訳すらある人で、私が師のようにドイツ行政学をやると思っていたようです。しかし、私にローレンツ・フォン・シュタインをやる気がないことを確かめてから、「村松君、これからの時代はアメリカだよ」と言いました。それで「行く気があるなら言いたまえ」という感じでした。ＡＣＬＳ（American Council of Learned Societies、米国学術団体評議会）のフェローシップで六六年から六八年にバークレーに滞在しましたが、そのときは、推薦状を書いてもらいました。バークレーでは主として本を読みましたが、講義にも出ました。たとえば、ロバート・スカラピーノの授業に出ました。スカラピーノの授業に出たら、何かちょっと自分が話につまると「ムラマツ、お前は日本から来たからこれに答えろ、いまどうなっているのか」と私に話を振ってくるわけです。だけど知らないので、「次回に答えます」としていたのですが、実は日本語にはその

＊　私が助手二年目のときに、関西行政学研究会が生まれました。この研究会ができたことは重要かも知れません。後に大成長します。この研究会や、長浜先生については別にメモを書く予定です。

答えを相談する本がないんです。そのなかで一番役に立ったのが升味準之輔さんでした。升味先生の論文を含む岡義武先生編集の『現代日本の政治過程』（岩波書店、一九五八）には、スカラピーノの質問への答えのようなことが書いてありました。私はそれから升味ファンになりまして、升味さんにかなり依拠する形で、ずっと後ですが、最初の本を書きました。

バークレーに二年滞在しましたが、行政学はあまり学びませんでした。ワルドオの組織論とF・モシャーの予算行政論のセミナーに出ました（ＰＰＢＳ（planning-programming-budgeting system、計画、実行計画、予算編成制度）がテーマでした）。他の領域の講義を聴いたのは、いま振り返ってもよかったと思います。シェルドン・ウォーリンという人の発音は聞きよくて、一番前に座っていると私の英語力でも分かった。彼はギリシャ哲学からアメリカのハーバード・サイモン批判まで、メジャーな学者を全部取り上げて検討し、自分の見解を述べていました。*Politics and Vision*（Princeton University Press, 1960）という本も書いたばかりで、非常にフレッシュな講義で私には政治学の基本的な知識を得る上で役に立ちました。その他、どういう方がいたかというと、デイヴィッド・アプターがいました。この人はすでにアフリカ研究で著名な方でしたが、ちょうど *International Encyclopedia of Social Sciences*（Macmillan, 1968）という事典が出る直前で、「government」という項目を担当していました。それが、論文にすると三〇ページぐらいの内容なんです。それを一クォーター話して、足りなくてさらに二クォーター話しました。そういうことで、デイヴィッド・アプターによって、二〇世紀のマルクス、ヴェーバー、『自殺論』（一八九七）のデュルケームとか、そういう人たちを一人ひとり検討していくという講義が行われていて、これも役に立ちました。レイモン・アロンの『社会学の主潮流』という厚い本が上下であって、それがテキストになっていました。不思議にウォーリンもアプターもトクヴィルを取り上げなかったのですが、後に私はトクヴィルのほうがずっと重要だと思うようになりました。アプターやウォーリンの講義の前に予習していくと、ある程度知識が得られたので、そういう意味で私はアメリカで教育を受けたという感じがしています。だから私はその意味でアメリカ派です。最初の滞在のとき、ダールは読んだかもしれないが、印象が強くなかった。私にとってダールが重要になるのは帰国後です。

大学紛争以後、京都市政研究へ

そうしてアメリカから帰ってきたのですが、先に紹介したような立派な本を読んでも、私自身の行政学をどうやるかにとっかかりがありませんでした。困り果ててぶらぶらしていたら大学紛争が起こったものですから、紛争で夢中になって大学のあり方について考える機会になった。丁度よかったわけです。アメリカで読んだ地方自治の本を使って論文を書いて存在証明をしている間、ある時、三宅一郎さんが京都の調査をやろうと誘ってくれたんです。具体的には、京都の職員の研究、議員の研究、市民の研究、部局長の研究、町内会長の研究です。そして、京都に住んでいたり勤務先を持っていたりする社会科学者、たとえば政治学では山口定さん、社会学の間場寿一さん、社会心理学の木下冨男さん、経済学者の山田浩之さんなどと、インターディシプリナリーで『京都市政治の動態』（有斐閣、一九八一）という本を書くことになりました。私はこのとき、諸調査の事務局長をやって調査の面白さを学び、サーベイ調査におけるサンプリングの重要性を理解しました。北区から伏見区までずっと住民基本台帳を縦に並べて五〇人ずつの間隔でサンプリングしていきました。自分だけじゃなくて大学院生も動員しました。そのとき伊藤光利さん、依田博さんも参加してくれました。そうして、三宅流のサーヴェイ・リサーチを見様見真似で覚えましたが、ある程度勉強しなければならない統計学とコンピューターは覚えませんでした。ひどい話ですが、はじめは三宅先生頼み、後には大学院生に面倒を見てもらいました。一九七〇年代に知事調査とか京都府下の市町村議員の調査もやりまして、伊藤光利さんが助けてくれました。私はそのときの研究調査のデータで二〇年間は生きていたと思います。私のやや独特な主張は、まずは新聞報道などの常識的観察があるのですが、さらに、これらの調査データと、アクター（官僚、政治家、団体）の調査データの観察から出てきました。

しかし逆に言うと、いまの自分は、たぶんに古い意識調査データでものを考えてきた可能性があるなと、このレジュメをつくったときに感じました。

実証主義的政治学

以上が、京都とアメリカとを合わせた私の研究環境ですけれど、研究情報、先行業績として勉強したのは、ほとんど東大系の政治学の方々の書いたものです。升味さん、石田さん、田口さん、辻先生、丸山先生など、主要なものと言われたものは読みました。それで、私の関心ある領域と隣接領域のイメージができました。一言で言うと、その人たちに対する私の批評は、実証的でない、何らかの意味で客観的に政治を論じる企図の下で書かれていないというものでした。断わっておくと、上に名前を挙げた方々はある意味で実証的な人です。しかし、実証データで帰納的に政治学の仮説を検証するとか、仮説に到達するという方法については消極的であったのではないかと思います。少なくとも、実証を意図・目的としていないことを強く感じていました。要は、この世代の人たちは日本の政治の近代化に関心があるわけなんです。そこで、近代化の逆の方向に日本の政治が行きそうな懸念が強い場合には、分銅のように反対側に立って厳しく批判するといったように、現実政治との距離を強く意識しながら、学術誌よりむしろ論壇誌で書くというスタイルが非常に強かったように思います。どの論文を見ても別に組織的に証拠を集める関心がなかったことに、私は不満を持っていました。何らかの形で証拠に基づいて議論をしなければならない、そして証拠に拘束されながら書くことが重要であると、そう思ったわけです。

アメリカ滞在の経験から、日本政治を研究することは隙間産業のように見えました（結果としては大成長した領域です）。これをやろうと徐々に考えました。つまり、アメリカやドイツの研究を参照しながら行政学の体系のようなものを目指していくのは自分の目指す研究ではないだろう、それはもうきっぱりやめるという踏ん切りが、いわばスカラピーノの授業でついた。それで日本人研究者の、自分の関心に近い方々のものを読み始めたのですが、論壇で有名な論文はやはり面白くなかった。学術的研究は不完全でも文献を豊富に引用することで、そうした文献に拘束されて書くわけですから、そう自由勝手な議論はできない。そのため、自由奔放にではなく論理とデータに拘束されて研究することが重要であると思っていました。その頃、私がそういうことを感じ始めていたときに、高坂正堯さんがアメリカから帰ってきて、坂本義和さんを批判した高坂、永井陽之助路線が論壇の主流になるという感じがあったのですが、この議論は有益に思いました。私自身は、実証的なデータの範囲で議論をすることを大事と思いましたが、価値観のある研究を拒否していたというのでもないと思います。当時私が安保条約派であったからかもしれません。しかし、外交論は自分とは別世界の政治学であるとも感じていました。

三宅さんに出会ったのが重要でした。ある種見様見真似でサーヴェイを覚えたわけです。私は行政学者ですので、官僚に対するサーヴェイをやりました。これが三宅さんから独立してやった最初のサーヴェイです。一生の間に三回はやろう、四回目までは生きていないだろうと思っていましたが、一〇年ごとに三回やるという計画を立て三回までやることができました。そうして、第一回の調査で『戦後日本の官僚制』（東洋経済新報社、一九八一）という本を書いたのですが、そこで私は当時の通説に反して政党優位論を主張しました。つまり、当時の日本の学会の議論では、日本国家の運営において官僚が支配している存在であるとされていました。諸先輩の書いているものを読むと、官僚に対する頼りにする気持ちと批判する気持ちが両方、ない交ぜになって表れている。これを一体どう見るべきかは、私も本当には分からなかったけれど、頼りになるかどうか、好きか嫌いかは別にして、権力とはぶつかればどちらが勝つか、つまり誰が支配しているかということが、デモクラシーでは問われていると考えました（日本において戦後政治を戦前の権力構造で説明する見解とこれへの批判研究は、アメリカの power structure 論に該当しています）。官僚論を中心に分析することは一つの仕事になると考えました。一九七八年に出した地方自治に関する論文でそのような仮説の頭出しをしました。

地方自治論

日本の行政学では地方自治論を研究している人が多いので、厚い議論をすることができます。地方自治論でも、官僚優位論が前提にされています。日本では国会が無能で、省庁が提案して国会を通すことで政策がつくられる。ただ政策の実行は地方に委ねる。実行するときに各省が省ごとに都道府県と市町村に機関委任をし、機関委任をしない場合には補助金で操作しながら地方に実行させる。小林与三次や三好重夫などは、機関委任事務で中央は地方を一〇〇%コントロールできると言っていました。これが日本の行政である、とほとんど言い切っていたと思います。

その事例として「新産業都市建設促進法」がある。「第一次国土総合開発計画」が六二年にできて、これを受けて同年「新産業都市建設促進法」が成立します。そこで、「史上最大」と佐藤竺さんが表現された陳情合戦が行われる。所管は有力官庁を避けて経済企画庁とした。経済企画庁が窓口となって、陳情が経済企画庁に向かうことになる。この陳情の様子は、官僚の権力が大きいという一つの証拠とされたわけです。市町村や都道府県を見ると、建設省の外郭団体である国土協会の大まかな指針に従って都道府県計画ができる。その都道府県計画に合わせるように市町村計画が策定され、都道府県がその一定地域を新産都市として指定してもらう。そこに工場誘致をすると補助金が大量に来るという仕組みなのですが、その補助金のもととなる拠点として認定してもらうことをめがけて陳情合戦が行われるわけです。さらに市町村のレベルでは、地元の商工会などが大活躍する。審議会も動員されました。商工会や町内会の人たちの主張はあるものの地域エゴです。審議会の政策の中身はほとんど行政の試算や事務局の提案の通りに、判を押すだけの審議会だった、というわけです。これは言い過ぎかもわかりませんが、このように中央の意図が末端まで貫徹するのが日本の行政であるというのが、佐藤竺さんと井出さんの研究の内容でした。

他方、当時は経済が成長している時期で、いろんなところにお金があって調査団体が増えました。それで全国で新産都市の研究をしようということになった。伊藤善市さんという都市研究者がいて、あの人が中心だったと思うんですけれども、そのころ地域開発センターというところにプロジェクトができました

全国で一三都市が新産都市に指定され、プラス六地域が同等の扱いを受けていたので全部で一九。それぞれに新産都市の研究をチームをつくって調査をやろうということになった。私は徳島県の研究班に配置されます。キャップは山田幸男先生という神戸大学の行政法の先生でした。徳島は三木武夫、香川が大平正芳で、徳島と香川の争いはすごかった。後藤田正晴が出てくる前ですね。三木さんは苦戦しましたけれど、徳島を指定都市にするのに成功するんですね。それで、徳島に調査に行くのが私の仕事で、阿波踊りの日を選んで調査に行きました。山田先生はキャップで連絡役となり、園部逸夫さんという後に最高裁判事になった方と私が実施調査をしました。当時自治省から派遣されていた部長の一人で本庄さんという方がいました。衆議院議員に立候補して落ちたことのある人ですが、その方が世話してくれたおかげで何とか調査ができた。その調査で私は、三木武夫さんを動かすために、どれだけ地元で人の動きや金の動きがあるのかを多少実感しました。市町村合併なんかも、それに合わせてやれという動きもあった。それ

らをトータルでみていくと、やはり政治の動き、とくに地方議員の動きがすごかった。国会議員も、地方議員が動けば動かざるを得ないわけです。議員は行政にいろいろと言う。そうすると行政はそれを受けて国土協会に思った通りにはいかないことを言う。国土協会もそれはそうだと言って国の政策が変わり、それが地方に降りてくるというサイクルがあるのですが、そういうやり取りのサイクルがあることが分かった。そうして、これは政治が重要だぞって思いながら、しかし調査半ばで先のＡＣＬＳの奨学金がとれてアメリカのバークレーに留学するわけです。

アメリカから帰ってきて升味さんの論文を読み直すと、政治過程がしっかりと書いてあるんです。つまり、県知事が官選であったときは、地方の圧力は県止まりであったが、知事公選になってからは圧力・陳情は東京に及ぶようになったという変化を指摘しているわけです。これは、政治の圧力でものを見ている以外の何物でもないと思って、私は自信を得て「地方自治理論のもう一つの可能性」（『自治研究』五五巻七号、一九七九）という論文を書いて「戦前・戦後は断絶している、中央・地方の垂直的行政関係以外の政治軸がある」と論じました。垂直的行政統制モデルというものを相手として、違うモデルで説明すべき内容が地方の政治の中にあるという主張を七九年にしたわけです。

『戦後日本の官僚制』

こうして、戦前と戦後が断絶しているという直感が升味さんを通して自信となり、種々検討すると、日本の政治をそれまでのパラダイムとは別のパラダイムで理解することができる、つまり国会が政治を動かしているという当たり前のところから出発すればよいと考えるようになりました。「政党が権力を結集している」という見方で新聞を読み直すと、政治を動かしているのは官僚ではないことが分かるわけです。井出嘉憲さんと佐藤竺さんの書いた新産都市論も、読み直してみると、省庁が争って自分が所管するといったセクショナリズムの主張があるので、自民党が調停をして権力・権限のない経済企画庁にやらせることにした、とちゃんと書いてあるんですよ。政党がチャンネルを決めたというかなり重要なことが書かれているんです。すでに書かれている範囲でもそうだから、まだ書かれていないことなら尚更だろうと、官僚調査をやるときには政党優位論が言えるかどうかという興味で調査をしました。調査には村上泰亮さん、佐藤誠三郎さん、高坂さんなどの有名な方が協力してくれましたが、調査の実労担当は私だけと言っていいと思います。ただ出身階層調査だけは、富永健一さんが強い関心を示されて、ＳＳＭ（national survey of social stratification and social mobility、社会階層と社会移動全国調査）という社会学者が今でも続けている一〇年に一回の全国階層調査の質問文をそっくりそのまま使って調査して、国民と官僚はどう違うかという比較ができました。

そういうふうにしてデータを分析したところ、実態は政党優位であるということが分かりました。官僚でも政治に接触しているポストにいる高官ほど「政治のほうに力がある」と言いますし、これが最初の私の本の結論だったと思います。しかし、『戦後日本の官僚制』（東洋経済新報社、一九八一）は人を怒らせることになります。辻先生は「日本では官僚が脳であり、国会は身体に譬えれば四肢に過ぎない」と言っておられる。この比喩は上手なんですね。しかし、「そうじゃなくて逆だろう」と書いたわけです。そのあたりは、かなり露骨な言い方をしたので皆さんに怒られたのかなとは思います。官僚がその時点では、今に比べればはるかに影響力をもった重要な役割をしていましたから、その実態を見ていけば、私のように言うことはできないという批判も根拠があったのかもしれません。サーヴェイで意識を探ることがどれだけ有効かは分かりませんが、一〇年ごとに調査して、証明できることはあると思っていました。二〇〇一年から二〇〇三年にかけても、第三回の調査を行いました。官僚調査と私が呼んでいるのは、官僚と国会議員と団体のトップの調査を三つ同時に行って、三者の間の関係を見ながら権力構造を見るという方法です。今では統一的に「政策アクター調査」と呼ぶことにしています。この三つを二〇〇一年から二〇〇三年まで、大きな科研費を貰って実施できたわけです。私が、政官関係にこだわったのは、政党と議会の影響力を高く見ると、従来の官中心のパラダイムから国会・政党中心のパラダイムが生じるという学術的関心からでした。書きながらドキドキしました。中央―地方も、行政―業界も、地方議会―地方行政も変わって見えてくるはずです。

お配りした『中央調査報』（六三五号）に「現代日本において国の政策を決める場合に、最も力を持っているのは、次の中のどれだと思われますか」という質問への回答の、三回の違いを示した図があります。見ていただくとわかる通り、「政党」という回答は最初から多かったのです。しかし第二回調査で非常に政党優位が増えて、二〇〇一年時点ではさらに大きく増えています。このように、だいたい一九七六年の最初の調査のときに見えていた方向性は正しかったのではないかと思います。

そしてもう一つの図ですが、これは「官僚の影響力について、近い将来において増大すると思われますか。それとも減少すると思われますか」という質問への回答のトレンドです。そこでも官僚の影響力が減少するという見方が激増しています。二〇〇一年は小泉政権ができた直後なので、その影響もあるのかもしれませんが、私の去年出した本（『政官スクラム型リーダーシップの崩壊』、東洋経済新報社、二〇一〇）では小泉さんの前にすでにこうなっていた可能性があるということを書きました。一九九七、八年だと思います。この時期、自民党と大蔵省トップの関係が絶縁状態になっていましたから、その頃に政官関係というのは協力的な関係ではなくなったのではないかと考えたのです。「なぜ自民党は官僚にあんなに委任をしていたのか」ということと、「いつ委任をやめて政官関係が切れたのか」という二つのことを解き明かすことを目的とすると、本書のイントロダクションに書きましたが、政官スクラムが壊れたのは九八年で、その頃に政党優位が露骨に表れ、確立されたという結論になっています。

丸山眞男

いま考えると、同時進行の政治に敏感にならざるをえない東京圏にいなかったからこういう議論ができたのかなと思います。辻先生に本を送ったときに、辻先生から「私の弟子はどうも私を批判しないので、君存分にやってくれたまえ」という趣旨の手紙をいただきました。丸山眞男先生からもお手紙をいただいたのですが、そこには「私はこの頃日本のこと、いや思想のことにかまけておりまして、現代政治をあまり見ておりませんので、あなたの研究はこれから読ませていただきますが、私が引用されている部分だけを拝読したところ、私は現状に消極的だ、ネガティヴな評価をしていると書いてありますけれども、そのつもりはなかった」という内容のことが書かれていました。

引用したのは「政党が本来の政治的機能を果たしていないために、労働組合など元来経済闘争を建て前とする団体や新興宗教団体がその真空を埋め、さらに〈子供を守る会〉とか、留守家族の組織のような、社会の最底辺で組織された応急的な集団が圧力団体の役割を演ずるというふうに、一段ずつ機能集団の役割がズレているのが現代日本の状況である」と書いている部分です。この文章が日本社会に「最近現れた」積極面を書いておられたというのは本当かも知れませんが、市民社会のデモクラシーの理念型を持っておられた丸山先生ですから、政治過程については消極的に評価しておられたと思う。そういう反論を封書で書きました。あるいは、丸山学派に日本の政治過程への否定的な見方があるという私の偏見は、一部の方の見解の過剰解釈から来ていたかもしれません。たとえば、永井さんは圧力団体がよくないという意見を持っておられた。そして圧力団体の弊害を論じるために、圧力団体を政治の失敗とする

E・E・シャットシュナイダー（シャットシュナイダーは有力団体にバイアスがかかるというバイアス仮説を持っています）を紹介しています。私はその影響を受けたのかもしれません。

私は先行する有力な研究が、欧米からのズレを問題にしたり、日本の特殊性を強調する傾向があると感じていました。しかし私はそれに対して、逆に欧米と共通の土俵に立つときにこそ、政治過程の基本線を正面に据えて議論することができるのではないか、と言いたかった。丸山さんは、たぶん内心はお怒りだったかと思うのですが、穏やかに「私はそんな消極的で否定的な意図はなかった」とお書きになっている。それ以来、私は丸山さんへの関心がずっとあります。というのは、これが消極的な表現でなかったとしたら、一体どういう理論の上に立って現代を見ていたのか、という疑問を抱くようになったのです。そして、私は今は丸山先生を誤解していたと思っています。このことも別に文章にしたいと思います。

一党優位制論

私はサーヴェイをパネル的に三回、四回やっていけば客観性が増すと思い、実際に手掛かりがつかめたように思って張り切っていました。当時周りには実証的な人があまりいませんでした。大嶽秀夫さんは別でした。一九七九年に『現代日本の政治権力経済権力』（三一書房）が出版されています。私はこれを校正の段階で読みました。こういう重要な本があると教えてくれた東京の人がいて、それであわてて読んで、自分の議論を支持してくれる箇所を引用したのを覚えています。そのときは、大嶽なる人がどういう人か全然知りませんでした。大嶽さんとは、一九八一年アメリカに再度留学していたときに接点がありました。その頃のコーネル大学で、T・J・ペンペルが日本をちゃんと研究するには、「一党優位制の国々との比較が面白い。ドミナントパーティという概念はデュベルジェにあるし、プリドミナントパーティという概念がサルトーリにある、これでやろうじゃないか」という提案をしていました。大嶽さんがそのときに、たまたま一〇日ほどコーネル大学に来たんです。それで大嶽さんが来るときを見計らって、ジョン・キャンベルをミシガンから呼んで、エリス・クラウスを西海岸から呼んであとはコーネル大学のシドニー・タロウさんとか、ピーター・カッツェンスタインさんとか、そういう人たちが参加しました。私はそのとき、皆の言う英語がうまく聞きとれなかったのですが、大嶽さんが必ず発言するので、それに乗っかって、彼の言うことはよくわかるが違った見解もあると、日本にも二つ見解があるという発言をしました。大嶽さんはもちろん英語が上手かったのですが、ゆっくりなので私にも理解できました。

結果として、ペンペル、村松でアメリカチームと日本チームをつくりました。アメリカチームには、イスラエル人もいればスウェーデン人、イタリア人もいました。日本チームでは、大嶽さんがドイツと日本の比較研究で、私が日本の圧力団体研究、猪口孝さんも日本外交ということで参加しました。はじめは佐藤誠三郎さんや高坂正堯さんも参加していました。佐藤さんが研究資金をつくって、私が現場外交官みたいな役割でした。日仏比較の可能性も考えて、舛添要一さんも参加していました。結局、日本からは猪口、大嶽、村松が書きました。その成果が *Uncommon Democracies* (T. J. Pempel, Ed., Cornell University Press, 1990) という本です。これはかなり広く読まれました。たとえばアンソニー・キングというイギリスの政治学者が、サッチャー政権が一一年続いてその後にメージャー政権になったときに、イギリスが一党優位制の国になったのではないかということで、一党優位制というのは一体どうなっているのかという関心から、右のペンペル編などを利用して、相当深く日本の政治を読み込んだようです。キングの一党優位制論というのはなかなか面白くて、今回『政官スクラム型リーダーシップ崩壊』を書くときに引用しているのですが、それはともかく、以上のプロジェクトを通じて大嶽さんと私との関係ができたわけです。

『レヴァイアサン』

『レヴァイアサン』刊行の話になります。ハワイで会議があったときに、「やはり政治学は一つの雑誌を持たなければだめだ」と言って大嶽さんに相談したのです。彼はすぐに反応して、やろうということになりましたが、彼はその翌年からハンブルクに行く予定になっていました。そこで、二年間は、これはマル秘にするという約束をしました。そういう経過で、『レヴァイアサン』は大嶽さんの帰国後にスタートしました。二年間ハンブルクに行っている間に、大嶽さんと手紙でやりとりして意思の持続を確認していました。大嶽先生の帰国後すぐに猪口さんに声をかけました。猪口さんとはハワイでも一緒でその頃から仲良くなっていました。

こうして、猪口、大嶽、村松で「レヴァイアサン発行趣意書」を出しました。つまりそれは、思想や外国の歴史や戦前政治史をやっているような人たちが、エビデンスなしに突然に戦後の論評をする時代ではなくなっている、というものです。これを改めて読んで意外だったのは、（一）のところで、「評論的、印象主義的に日本政治を扱うという従来のあり方を大きく変えつつあること」と書いてあって、つまりもう変わっているという表現になっているんです。（一）（二）（三）（四）（五）（六）と、全部そうです。だから、変えようとしたというあのときの意思から言うと、「もう仲間は十分いるからこの線で行こう」と言っている感じで、意外でした。多分、孤立無援と思っていたが、意外に「同志」がどこかにいるという感じで始めていたのだと思います。

このように、従来の研究は実践的な関心が強すぎたこと、インタビューとかサーヴェイとか証拠集めに外に出ずに、書斎だけに閉じ籠りがちであったこと、日本の細部を取り上げた分析がないままに丸ごと一つの対象にしていて、日本が右傾化するかどうかという議論になっていることなどを批判しました。その上で、外国との共同研究を同じ土俵で行う実証的なものでなければ現代研究とは言えない、という主張をしました。このあたりは大嶽さんの評価を聞きたいと思います。改めて読んでみて、「未整理の段階の仮設」という表現などは大嶽さんのものであると感じます。「発刊趣意書」は、さっき言ったように「もう変わっている」という言葉遣いになっていて、「これから変えよう」という気分が強かったはずだという違和感はあるのですが、そのときは何度も読み直して、これで政治学界と喧嘩になっても仕方ないと覚悟していたと思います。

『戦後日本の官僚制』へのコメントと『政官スクラム型リーダーシップの崩壊』

私は『戦後日本の官僚制』という本を出しているのですが、ありがたいことに、書評を集めると一冊の薄い本になりそうなくらい、字数をたくさん使った書評が出ました。その中で、伊藤大一さんの書評がありました。伊藤さんの批判は、権力はゼロサム的であるはずだというものでした。つまり、私が政治家の影響力が大きいが同時に官僚の影響力も大きいという相関関係があるという統計を出したことに対して、それは矛盾していないかと指摘されたわけです。そこで、私は権力は足し算で、両方とも強くなるということを、この書評が出てからはじめて気付いたんです。つまり、両方とも合わさって大きな力になると考えるのが正しいのです。そこで、今回は『政官スクラム型リーダーシップの崩壊』によって、三〇年前の批判に応えようとしたわけです。そしてもう一つ、今日手紙を持ってきていますが、野口悠紀雄さんが「あなたの理屈はゲームの理論ですね」と言ってきたんです。それ以上何もおっしゃっていないのですが、後で野口さんの書いたものを読むと、大蔵省が日本政治の主人公で、政党が大蔵省の考えをあらかじめ予期して政党の政策が決まる、というように反対の側から考えることできると論じています。これが、野口さんがゲーム理論と言ったときの指摘なのだろうと後で思いました。ゲーム理論では、本人と代理人の関係が逆転できます。しかし昨今の状態を見ると、官僚の能力がなければ国はもたないけれど、官僚が決めているわけではないということになったと思います。若い人の反応はいろいろあって、「先生、民主党に政権が移ってみて、その前は官僚優位だったということが分かったのではないでしょうか」と言った人もいました。いずれにしても、日本の政官関係はかなり重要な研究領域だと見なす人が多くなかったことは、私の研究生活にはプラスでした。

もう一つのコメントは大嶽さんからの手紙にあります。私は本の中で、自民党が官僚に委任しているから官僚の権力が大きく見えるだけで、委任しているのはなぜかと言えば野党を遠ざけるためだと書いているのですが、大嶽さんは観察として面白いと手紙に書いてくれました。官僚に委任していたとして、それがどうなったのかということについて、この大嶽さんのコメントは今度の『政官スクラム型リーダーシップの崩壊』におけるストーリーの一つのヒントになったと思います（政官関係を本人代理人的に扱ったのは野口悠紀雄さんとゲーム論からのヒントです）。大体、官僚出身の政治家が自民党の有力者でもあるし、方向は理解しているわけで、政策的にはほとんど官僚に任せても構わないわけです。自民党にとって重要なことは次の選挙に勝つことです。自民党は組織づくりに時間を使いました。一九五五年から五八年、五九年の間にすべての県に県連をつくり、それと同時に自分の後援会をつくります。組織化に膨大なエネルギーを割いているわけです。だから私は、自民党は官僚に政策を委任している間に一体何をしていたのかという問いにしては、彼らは県連づくりや後援会づくりに時間を使っていた、そしてそれが自民党の長期政権を可能にした、と説明しています。それで、最近になってから県連調査を始めて、静岡県、群馬県、佐賀県、高知県という四つの県の自民党の強い県連に行って、ほぼその通りであることを、インタヴューで確かめてきました。当時、自民党本部で県連などをつくる総務局の局長をやっていたのが奥野誠亮さんで、その辺りのことが「奥野誠亮文書」（国会図書館）から分かります。県連の事務局員になれる人を派遣するために自民党が大学校をつくって準備していたことなどが分かります。それで実際に現場に行ってみると、高知も群馬も、そのときの卒業生が県連事務局長を三〇年、四〇年やって、やっと最近になって引退しているわけです。あのときの自民党の努力が実ったのではないかと思います。そういうふうに、戦後日本の官僚制のときに書いたことに対する批判とコメントに対して、『政官スクラム型リーダーシップの崩壊』で多少応えることができたと思っています。

持ち時間も過ぎましたのでこのくらいにします。私の研究者としての出発当時の研究環境、『レヴァイアサン』を出した理由、自分の主著における主張の概説や修正点、他の人の批判についてどう感じたのかなどをお話ししました。どうもありがとうございました。

質疑応答

雨宮　まず荒木田さんからお話をお願いします。

荒木田　荒木田です。はじめに言い訳になるのですが、私は、幕末維新期から明治初年の地方制度が専門なので、行政学といってもかなり毛色が違うんじゃないかと思います。批判として当たっていないところとか、ミスリードがありましたら、その辺りはお許しください。

まず大枠の話からなのですが、「戦後体制研究会」ということなので、戦前体制と戦後体制の関係からお話ししたいと思います。村松先生は、戦前と戦後は関係としては断絶していると言われました。そして、戦前はかなり集権的であって、戦後は相互依存関係で説明できるのではないかと私は理解しました。それで、先程の話の繰り返しになりますが、戦前以来の集権的官僚統制が持続するという、これまでの（と言ってもかなり前なんですけれども）通説を、戦後改革の画期性を強調することによって打破することになったという話だと理解しました。

それに対して私の感想は少々違っていて、戦前も戦後も相互依存モデルを使って説明できると思っているわけです。後で、そのことについてどうお考えになるのか質問したいんですけれども、依存のバランスとか度合いの違いとして説明してよいのではないか。むしろそのほうが面白い議論になるのではないかと、村松先生の本を読んで思っています。

理由としては、私が戦前のことや明治のことを調べていることとも関係があるんですが、戦時体制下までも含めて地方の裁量はかなり広かったと思います。村松先生は県は「国」だとお考えのようなので、こういう例示でいいのか分かりませんけれども、たとえば先生が引かれていた三好重夫の例を挙げますと、彼は岐阜県知事時代（米の配給をやっている頃ですが）、配給米で足りない住民は警察に申し出れば、申し出た必要量をそのまま配るという運用をしていました。これは、配給制自体の趣旨を逸脱することですが、こういうことを岐阜県ではやっていたわけですね。あるいは、高級料亭などはみんな閉店するという中央の方針が出るわけですが、岐阜県では高級、低級の区別は何だということになって、「知事の行く店を高級ということにしよう」と決めました。知事が出入りする店は三件しかなかった。その三件は閉めさせるんですが、その他はみな営業させたわけです。そのことは全国的に有名で、三重県や愛知県から結婚式は岐阜でやるんだと、人がわんさとやってくる。こういうことも見ていますと、地方の裁量が少なくて中央の統制が末端まで行き届いているというイメージとはかなり違う気がするんです。もちろん、それは例外事例だとは私も思いますけれども、そういうことが可能になっているということを含めても、かなり地方の裁量があったのではないでしょうか。

例示の二つ目としては、国と地方の関係を含めて非常に紛争が多いということがあります。戦前のことを私の同僚である福島大学の垣見隆禎さんが調べているんですが、自治体の首長が原告となって上級機関を訴えた事例が、一八九〇年から一九四〇年までの五〇年間に一万件以上ありました。年に二〇〇件以上という計算になります。垣見さんの読みでは、中央の締め付けがきついから紛争になる、戦後は「地方自治法」で対等な関係になっているから、そういう紛争はないという説明なのですが、逆の見方もできるように思います。そういうことを含めて、かなり紛争が多いこと、下級機関が一方的に裁判に負ける関係ではなくて、勝訴例もかなりもあるんです。上級機関を訴えて四分の一以上は勝訴しています。

補助金なども、使途が決められているので、それ以外に使うと法律上懲役ということにはなっているのですが、補助金が財政調整目的で措置されて、運用されていた事例も散見されます。例として相応しいかどうか分かりませんが、義務教育費国庫負担制度の補助金は、当初、小学校教員の給料の半額を補助するという趣旨で始まったのですが、給料の全額以上が補助されていた例もあります。つまり、政府も黙認してほかの目的に流用されていたわけです。そのことを、当時から京大の汐見三郎さんなどが批判しています。河川改修という名目で補助金をとってきて、河口の港を増築している例もあります。それらの例を見ても、地方の自主性は、当時も相当程度認められていたのではないかと思います。

だから、総じていえば、戦前にも存在していた地方の自主性が、戦後に拡充したという別の議論も可能ではないでしょうか。

またこれは蛇足ですが、明治期でも府県が中央に刃向かっていただけじゃなくて、省庁の間でもかなり意向の相違があります。たとえば、府県が大蔵省に税金を上納しなかったり、各省は大蔵省の査定が気にいらないといって、別ルートで金を工面して大蔵査定を形骸化したりと、集権化を拒んでいます。そもそも、国の会計制度とか国庫制度ができるのが明治二二年頃になってからということから考えても、集権化がうまくいっているということでもなかっただろうと私は思っています。ですから、戦前戦後体制ということで言えば、繰り返しになりますが、戦後改革の画期性を強調するだけではなくて、相互依存モデルで戦前戦後を通してみたときに面白い議論ができるのではないか、ということを私は考えたわけです。

それから、これも相互依存モデルの話ですが、従来の中央権力の地方への一方的な浸透というイメージを払拭して、地方の主体性・自立性を強調するのが、一九七〇年代末から八〇年代当時は新しいテーマだったと思います。その上でさらに、地方と中央のダイナミックな動きをつかまえるのに、いいシェーマだったのではないかとも私は思っています。

そのことを踏まえて申し上げると、たとえば相互依存という言葉のニュアンスなのですが、相互依存というと、主体が二つあって両者が分離していて、お互いが依存しあっているというイメージです。とくに国・都道府県・市町村といった系列で見ると分かれていますから、そういう議論がしやすいのは理解できるのですが、むしろ中央と地方を分けるのではなくて、一体として議論することもできるのではないかと私は思っています。つまり、地方行政と国家行政を一体のものとして、統治技術的にどういう事務配分になっているか、その流れを見ていくという方法もあるのではないでしょうか。私などはそういうふうに今後研究を進めていきたいと思っているのですが、そういう見方をしたときに、今までの見方を変えていけるのではないか、これは自分の課題であると同時に、先生はそれに対してどういうふうにお考えになるだろうか、という質問をさせていただきたいと思います。

また、忘れるといけないので先にお聞きします。『政官スクラム型リーダーシップの崩壊』という本の中で書かれていたことなんですが、最初は「政官スクラム」を否定的な言葉としてイメージしていませんでした。しかし、終わりの部分を読んでいると、「コラプシング」と書いてあって、私はラグビーのルールをよく知らないんですが、「政官スクラム」という言葉が否定的なニュアンスで使われている印象を受けました。だとすると、先生はどういう状態を「正常な状態」と思い浮かべていらっしゃるのか、ということをお聞きしたいと思いました。

もう一つ、レジュメのなかで「審議会の人になった。終わりか?」って書いてあって、これはどういうお話だったのかなと思いまして、それをお聞きしたいと思っています。

それから、先生の主張されている「政党優位制論」は、今日ご説明になっているお話のなかからもそうですし、書かれている本を読ませていただいても、その通りとは思うんです。しかし、うまく説明できないのですが、そもそも制度的に優位なものとして準備されているので、実際に政党優位制以外にはなりえないのではないかという気がするんです。あるいは、政治学、行政学という縄張りが自明なものとして存在していて、両者の分業に基づいて行政学研究者が(プランの部分、立法の部分をあまり研究しないで)執行の部分ばかり研究しているとすれば、結果として先生の批判されたような内容になってしまうとも思います。だとすると、先生の批判はたぶん当たっていると思うのですが、批判される方には厳しいというか、気の毒な感じもしないわけではないという感想をもちました。

ここからは余談ですが、現在私がやっている自治体の財政の分析をご紹介します。一九七五年ぐらいから自治体の財政がどのように動いているのか調べるために、エクセルに打ち込んで分析しているんですが、早い段階から、借金が大好きな自治体あるいは補助金の大好きな自治体…など、金の使い方を見ていると相当多様になっています。だから、似ている自治体、よく類似団体とか類団とかいいますけれど、似ている団体なんか全然なくて、それぞれが非常に個性的です。「横並び」などという言葉もありますが、自覚的に他自治体とすり合わせたこと以外は、他の自治体のことはほとんど考慮の外というか、関心の外で、それぞれの役所の担当者によって個性的なルールで運用されていたと思います。しかもそれは、「分権改革」云々と言い始める前から、すでにそうだったと思います。だからそういう点でも、村松先生が言われたことを、私がちまちまと今後実証していくのかな、ということを申し上げておきます。

村松　触れておられることがすごく大きな問題なので、それぞれ一時間はかかる話なのですが。

戦前と戦後の類似点が結構あるじゃないか、そしてそこに類似点と連続点があるじゃないか、というのはかなり違うんですね。そこのロジックがちょっと私には分からなかった。同じものが戦前と戦後に出ても連続しているかどうか分からないわけで、別なものが新たに出たという可能性もあるわけです。憲法は、国民主権・天皇主権と言うけれども、三権の制度の決め方については類似性がかなりありますから、私は官僚制が働くアリーナとしての手続きは、割と類似点があったとは思うんです。荒木田さんは中央・地方で言われたんですね。政治過程的に見ても、中央の政策決定過程は、大正デモクラシーの一九一八年から三〇年くらいまでの間を見れば、いまのというか少し前の官僚と政党の関係と非常によく似ているという研究はだいぶ前に出ています。だから類似点はあるのですが、類似点が連続かどうかは分からない。新たに新制度を、一度切れた制度をつくり直しているかもしれない。人間はみんな死んでいるわけではないから、つながっているのは当たり前で、その人間がつながっているという程度では制度がつながっているとは、私はちょっと言えないと思います。ある制度ができて、その制度が前の制度を引き継いだのか、それとも類似の制度をまたつくったのか、その種の議論がいるんだろうと思うんです。

だから、おっしゃっていることに私は直接応答していませんが、原則はこうだったけど例外もあったという事例の挙げ方では、事例にならないだろうと思うわけです。私が強調したのは、原則が国会で決まるという時代になったということです。国会の多数派を形成する政党が力を持ったというのが、私が『戦後日本の官僚制』で書いた国会中心主義ですが、日本国憲法の理解の仕方も、三権分立であるという憲法の先生がいるけれども、私はそうじゃないと思っているんです。官僚の側は三権分立を主張します。国会の権限を決めると同時に、憲法六五条には、行政権は内閣に属すると書いていることを重視する。さらに司法権も独立が謳われている。これらの規定を総合的に見て、さらに司法権も戦前との比較で三権が並列になるように書いたのが日本国憲法だと言っています。これは、占領政策の研究者によって解明されることですから聞けると思うんですけれど。そこは私が、京大で講義を受けたことが影響しているのかもしれない。京大の憲法講義では、国権の最高機関にして国の唯一の立法機関であると書いてあることが指摘されていました。私が聴講した憲法の講義では、文言を重視する京都学派の大石義雄先生が、国会に行政権（憲法六五条）を上回る権限を与えていると言っておられ、それが今も続く私の仮説です。

だから憲法の原則は「国会に力がある」ということが当り前とすると、官僚優位論では、その逸脱があったかという問題意識になります。私から見れば、国会は政党の権力をつくり出したのです。最後のほうで、官僚が自分で最高決定するように制度が仕組まれていないから当たり前じゃないか、とおっしゃいました。実は、私もその通りだと思っているんです。制度がそうなっているのだから、官僚が支配することはあり得なかっただろうという話なら、最初からそう言ってくだされぱいいわけで、それは誰も認めていたのではないかと思います。しかし、なかなかそう言う人はいなかった。それは何でなんだろう、ということをずっと不思議に思っています。例えば、飯尾潤さんの有名な官僚内閣論でも、ところどころ自民党が決めていると書いてあるのですが、結局はやはり官僚のほうが強いと書いてあるんですよ。それで官僚内閣論という言葉が流行ってしまって、私は困ったことだと思っていたら、やっぱり官僚たたきに過剰に繋がってしまいました。

もう一つの「スクラム」に関する質問ですけれど、私の言う「スクラム」には否定的な部分がかなりあります。それは、官僚が自民党政調部会のシナリオを書いていて、例えば私らが審議会をやると全部事務局のシナリオ通りに時間の刻みも書いてありますが、政権党との関係でも官僚はそこまでやっています。そこまでやることはないじゃないかと思ったわけです。官僚がいなければ、あそこまできれいには動かないと思いました。そういうことを知ったのは割合遅くなってからで、官僚が部会のシナリオまで書いていることが分かったのは九〇年代です。何かやりすぎていると思って、それを「スクラム」と書いたわけですが、そこまでやることはないと思っているので、否定的な意味を込めています。「密接提携」という言葉も使っているんですけれど、（官僚による積極関与が）過剰で透明性を欠く決定にしていて、そして談合なども起こりやすいと思っていますから否定的です。積極的な再建策はいまありませんが、ここに言う「スクラム」のようになってはいけないと思っています。

制度についてはおっしゃるとおりで、相互依存についても依存関係があるかどうかではなくて、依存関係をもたらす地方の側の権力がどこから出ているかといったときに、私は国会と憲法九二条以下の四ヵ条でできていると、思っているわけです。だから、新たに生まれた憲法の下の制度によって、それが中央への地方の交渉力を高めたのではないか。そして、地方の交渉の方向は国に向くようになって、神奈川県を除いた道府県はすべて東京に事務所を持っています。あれは中央集権のシンボルと言われますが、私はそうは思わない。中央に金があって、それを地方に配分する地方交付税の仕組みがあるわけですが、地方交付税がどう動くかは地方の出方にもよる。そこで地方は、どういうふうに自治省が考えているかを毎日聞きにいくようになるわけです。毎日地方の実情を伝えることにもなります。たとえば、ＭＯＦ担なるものが誕生したでしょう。日本経済は大蔵省が動かしているわけじゃなくて銀行が動かしているわけですが、大蔵省がいつ検査に来るかを確かめるためとか、法律改正の動きなどを調べるためにＭＯＦ担がつくられた。多分このＭＯＦ担と同様のものとして、地方の道府県の東京事務所が存在しているわけです。しかし、大蔵省が銀行の個別の融資方針を決めたかと言うと、そうではない。中央と地方の関係もそれと同じです。私はそれくらいあってもいいじゃないかという感じがありました。東京事務所は経済情報も集めています。東京が一番重要な消費基地ですから。だから相互依存モデルと言っても、私は質が違うのではないかと思っているわけです。

雨宮　その後のレジュメの最後の「審議会の人になった」という話はどうなんですか？

村松　東京にきてから、実務家との付き合いに時間をとられるようになりました。行政改革本部、ジャーナリスト、知り合いの政治家などと話すことが多くなった。あと二月、三月には、国立大学法人評価と衆議院区画確定に関する審議会があります。市町村の大合併に関わる選挙区が多いものですから、今年はすごく時間を取られる予定になっています。今年中、一週間に二度ぐらい会議がある時期があると思います。だから、それで「終わりか？」というのは「わが学者人生は終わりか？」という意味です。

天川　私が非常に面白かったのは、学生時代に村松先生は商法のゼミだったとおっしゃっていましたが、今日伺ったところでは、やっぱり法律ですね。京大で法律をやって、政治学はアメリカで学んだというお話でした。それで何で京大が九〇％なのかというと、さっきの制度の話ですけど、要するに憲法なので、それで政党優位論が出てくるということなのかなと。さっきからの話で戦前戦後断絶論というのは、要するに憲法の話なのかなと思いました。政治学じゃなくて。

村松　京大が九〇％という意味は「自由勝手におやり」ということで、その九〇％を利用してアメリカ政治学を学んだということです。ただ一〇％ぐらいの拘束もありましたが。それに政治学の中でも、後で出て来る制度論がありますよ。ついでに言えば、新制度論にははじめから大雑把には賛成でした。

天川　なるほど、それはおっしゃる通りだと思うのですが、政治学でなくて法学という感じを持ったというのが一つです。それと、サーヴェイを非常に重視なさっているというのは、三宅さんたちとの研究といいますか、そこでの手法から来るのかなと思いました。だから留学と三宅グループとのサーヴェイの経験が、その後の村松先生の研究史あるいは手法、オリエンテーション、そういうものをすべて決めたという感じを持ちました。これは印象だけですが。

河野　政党優位論について興味があるのですが、升味さんが『現代日本の政治過程』（岩波書店、一九五八）に書かれた論文は、戦前と戦後の中央地方関係を取り上げています。そこで戦前は中央・地方関係は県知事レベルが焦点なのですが、戦後はそれが市町村になって、中央・地方関係が末端まで届いている、という説明をされていました。また、最近の飯尾さんの本（飯尾潤、『日本の統治構造』中公新書、二〇〇七）にあるとおり、「赤城書翰」が注目されています。しかし升味さんの論文を読むと、保守合同以前から、こうした傾向があるのです。「赤城書翰」のような文書による規定はないけれど、合同前の自由党の決定を予算編成で大蔵省は尊重しなければならない、という申し入れをしています。だから、政党優位というのは戦後の新憲法との関連はさておいて、政治史学者である升味さんのように現状を見てきた人たちにとっては、はっきりしていたんじゃないか、というのがあります。

そして憲法に絡めて言うと、たとえば戦前の政党内閣、大正デモクラシーでは確かに衆院で多数をとった党の党首に、ほぼ自動的に内閣総理大臣の地位を与えるという慣行がありましたが、それは「ほぼ」であって法律の根拠付けはないわけです。宮中から暗黙の影響力があった、ということはよく言われるところです。それがなくなったのが戦後で、新憲法は天皇の政治的な役割を完全に消しましたから、そういう意味では直感としては断絶というのは分かる気がします。

村松　政党の時代になったというふうに升味さんは考えていたと私も思います。だけど周囲は皆そうじゃなかったわけです。東京の人たちのものを読んでいるときに、官僚優位というのが一つのパラダイムになっていて、このパラダイムが、国会議員は無能で手足にすぎないという理解になってしまうことと関係があると感じました。農業団体のトップには官僚が天下るわけですが、そういうふうに官僚が人材源として、圧力団体、業界団体のトップをはじめ四方八方に行っている（いまでもそうですが）。官僚の意向がばっと伝わって日本全国が動いていき、そして地方は官僚の言うとおりに動くという、そういう図式なんですね。

田口富久治さんや石田雄さんは圧力団体、行政学者は地方団体、国会と政党を議論したのが三沢潤生さんで、これらは全部同じ官僚優位のパラダイムです。私には、こういうパラダイムを壊そうというささやかな気持ちがありました。それで、どこをどういうふうに言うのがいいのか考えて、「もう一つの地方自治論の可能性」を書きました。その延長上で、七八年から八〇年に書きため、中央政治の問題として本を出すことになりますが、それまで期待と不安がありました。

アメリカ政治学の風潮から影響を受けたと思います。私がアメリカに行ったときに最高潮になっていた議論は権力構造論でした。つまり、フロイド・ハンターが正しいか、ロバート・ダールが正しいかという議論でした。その真っ只中でダールのほうが正しいという決着がついたと思ったら、すぐに（一九六四年には）ダール批判が始まるんです。つまり、ダールは国民の参加を民主主義の構成要素と見ないで、エリートの競争というだけで定義しているという批判を受けたんです。そのダール批判の真っ最中に私はアメリカに滞在していました。ダールは批判されて変節します。大学紛争は一九六八年に激しかったのですが、あのときはイェール大学でも激しかった。ダールは全学集会で、マイクをもって議論の司会をやったんですが、その頃から「参加」が重要だという考え方に変わりました。それで『ポリアーキー』（一九七一、翻訳は、高畠通敏訳、三一書房、一九八一）という本を書いて、デモクラシーを異議申し立てと参加という二つの筋で考えていこうという議論に変わったんです。

私が面白いと思ったのは、ダールは普通の人々が政治に無関心でも、エリートの競争でデモクラシーは成立するとしている部分でした。ダールは *A Preface to Democratic Theory*（University of Chicago Press, 1956）という本の中で、デモクラシーに必要な多元的な政治は行われている、リソースを使った競争が行われていることを理論的に書いていて、私はこれは二〇世紀の政治学の傑作だと思います。ダールの本以降のアメリカの政治学は精密になりました。それ以前のアメリカの政治学は勘のいいシャットシュナイダーとか、ドイツから来たフリードリッヒなど、非常にバランスのいい大きなマクロの制度論はありましたが、ダール以降に行動論的になり、かつ理論的になったと思います。それで私はダールの本の「無関心の人がいてもいい、民主主義でありうる」という部分を取り上げました。その後、ダールが参加を重視したことについては「ダールが変節した」と言って、私は怒っていたんです。というか、無関心の人がいてもいいと思わなければ、民主主義がなくなってしまうわけです。イギリスを見てもフランスを見たって、四六時中政治のことを考えている人なんていませんよ。アメリカ人が割合政治的であることは確かですが、そういう無関心の人たちを含めてデモクラシーを定義したのがダールの画期的なところなのですが、今では世界中で民主主義論のダールを褒める場合は、意見を変えた後のダールのようですね。

天川　当時、日本ではダールはどの程度翻訳されていましたか。

村松　研究を始めた頃、翻訳されていませんでした。引用もされていなかったのではないかと思います。だから私の『政官スクラム型リーダーシップの崩壊』では、ダールはなぜ引用されなかったのかという疑問を書いてみたんです。ダールを知っていたのは高畠通敏さんで、高畠さんはイェールにいて、ダールとかなり話をしているんですよ。だから、一九六一、二年の論文で、なぜ高畠さんがラズウェルとサイモンしか論じなかったのかが不思議です。このわけは、東京学派の人に答えてほしいんです。京都では高坂さんも猪木さんも、あまり関心がなかった。東京では読んだ人が大勢いる形跡があるんですが、引用はされませんでした。これは謎の一つなんです（ダールの最初の翻訳は内山秀夫訳、『民主主義理論の基礎』、未来社、一九七〇）。

雨宮　いわゆる転向ダールは皆引用していますね。

村松　『ポリアーキー』について、三谷太一郎さんも受け入れています。

雨宮　戦争に負けて占領改革を占領側が意図通りにやるのは当たり前ですね。だから、憲法が急速に変えられたのはまったくの事実ですが、憲法に書いてあるとおりに政治が進行してその通りになったかというと、別問題だと私は思うんです。なぜかというと、アメリカがいかに美しい民主主義のモデルを押し付けても、機能していない国家はたくさんあるわけです。そうなると、なぜ日本がそれなりに機能したかというのが、類似性の問題というよりも、それを推進する要素が歴史的に準備されていて、それがたまたま押し付けられた憲法であっても、機能させるようなものがあったと。そこを全然説明しないで、制度をつくったのが連続か断絶かといえば、敗戦で全面的に占領されたところで、全面的に制度が変わるのは決まりきった話で、そのことがすべてを決定したという話は、私からすると説得力がないんじゃないかと思うわけです。それが一つです。だから私の連続論は、日本国憲法とは違うけれども、民主的なシステムはつくらざるを得ないということです。日本は負けて覇権国家ではなくなるわけだから、ある程度デモクラティックなシステムをつくらざるを得ないわけで、それは占領があろうとなかろうと展開するだろうと言っているわけです。そう考えると、戦前には随分そういう要素がありました。経済システムもそうだし、政治システムもそうだし。

もう一つは、さっき荒木田さんが言ったことですが、政党か官僚かという議論の仕方自体がそんなに重要なのかという問題で、これは行政学や政治学の職業利益だと思うんです。そのことをギャンギャン言わないと飯のタネにならないということがあると思うのですが、私の関心はそういうところにはないんです。たとえば、私は四潮流論という言葉を使っていますが、四つの潮流とは四つの政策があるということです。一九二〇年代でいえばワシントン体制が是か非か、政党政治が是か非か、自由主義経済が是か非か、それから国民の参加―日本人男性の健常者以外、中間層以外の人間はどう参加するのか―という問題などをめぐる政策的な対立がありました。そうした対立は国会かあるいは政党か官僚かということではなくて、いわば国策に関わる問題について政党や財界、官僚という垣根を超えて、いわば四つが縦割りに存在していて、それがある関係を保ちながら展開して、戦前戦後もそれほど変わらないまま連続しているわけです。現在もそのまま続いているとは思いませんが、そういう見方をしたほうが、今日、日本が一体全体どうなっているのかという問題についての説得力があって、だから政党が強いか官僚が強いかというのは、私に言わせるとほとんど意味がないのです。

戦前に関する升味さんの議論にも私は異論があって、升味さんの場合も三谷さんと同じで、日本の政党政治がなぜ弱かったのかという話はヴェーバーモデルです。ヴェーバーモデルとは何かというと、名望家政党が大衆政党に転換し、そのことによって政党が現代化できて政党が強くなるとか、国会が強くなるという、そういう話です。そのときに、升味さんが言っているように、日本の政党は支部もなくて組織の基盤がない、だからダメなんだという話になっていて、三谷さんはそれを受けて議論しているわけです。しかし、私がずっと調べている「惜春会」のような地域の青年組織のように、組織政党の支部の代替をしているところがたくさんあって、それが地域の大政翼賛会体制のリーダーになるわけです。たとえば、まず市町村の覇権をとって、県会議員になるという形で展開するわけです。そしてそのことがあったから、占領があろうとなかろうと、もちろん戦前と同じものではありませんが、大衆の参加の問題と平等化は展開せざるを得ないと説明できるのではないかと思うんですが。

村松　四潮流のうちの三つは分かりましたが、あと一つは何ですか。

雨宮　一つは国際体制の問題です。だからワシントン、ヴェルサイユ体制が是か非か。二つ目は政党政治か非政党政治か、三つ目は経済の問題で自由主義経済か統制経済か。四つ目が参加の問題です。つまり、社会的下層とか排除された層をどう入れるか。以上で四つの争点をめぐって、自由主義派、社会国民主義派、反動派、国防国家派などに分かれて、政党や官僚、思想を超えて縦断的に展開するわけです。だから昭和研究会系の潮流は、官僚も政党も思想家も経済学も入っています。そういう形で議論したほうがいいのではないでしょうか。

村松　私は行政学者だから職業的に言いたいことがありますが、権力構造論は政治学全体の関心でもあります。だから、政党と官僚の関係などというよりは国際体制とか、いまの四潮流のほうが重要ではないかと言われれば、こちらのほうが私も面白いとは思います。だけどこの四つのどれを見ても、戦前と戦後は断絶しているんです。岩波新書の『シリーズ日本近現代史』の雨宮先生の巻（『占領と改革』、二〇〇八）を私も少し読んだのですが、非常に気に入りませんでした。たとえば、日本が太平洋戦争に勝ったとして、そのときにアメリカを占領することができたかどうか分かりませんが、占領しなくても適当なところで条約を結んで終わったとするとしましょう。そのときに、日本の体制がどういうものかといったら、軍部中心のレジームが続くということだと思うんです。だから、まず自前で戦後ができたということは絶対にない。あそこで、戦争と占領という血を流してはじめて戦後ができたと私は思っているんです。

雨宮　それはその通りで、いいか悪いかはともかく、敗戦という事実はまったくの画期です。だけど私の論点は占領改革ですから、占領があろうとなかろうと、敗戦の後は内外の情勢からいってデモクラティックにならざるを得ないというのが論点です。

村松　それで、戦前の政治過程や経験がものをいって戦後の乏しいけれども民主主義があると言っておられますね。乏しいと言っていいかどうかわからないけど、それでも、世界各国と比較研究ができるような民主主義と思います。もちろん、不十分ながらもどうして民主主義になりえたのかを考えたときに、確かに戦前の経験が役に立ったことは私も肯定しています。それを連続というなら、どうぞ連続論と言ってくださいと私は思っているんです。私はそんな程度のつながりでは、連続だとはとても思えないわけです。やはり主権の転換があったわけですから。天皇が関与したのが悪かったかどうかと言えば、昭和天皇の場合はもっと関与して決断力を発揮したらもっといい政治になったかもしれないと思うくらいある種の尊敬を持っているんですが、それは別として、体制としてはやはり変な体制だった。

雨宮　一九二〇年代、三〇年代の日本国民の力はすごく強くて、政治家や官僚もそれに依拠せざるを得なかったわけです。私は『総力戦体制と地域自治』（青木書店、一九九九）という本で実証していますけれども、地域が強くて、政治家も大衆に依拠せざるを得ないんです。私が言っているのは、大衆が立派な影響力を持つのかどうかはよく分かりませんが、すごい影響力を持っていたということは確かです。小さな市町村で、上から天皇制がコントロールしていたとは到底考えられません。「惜春会」なんて何の公的な力を持っていない組織が、土浦の地域を下から制圧してしまっているというのは、どういうことですか。

村松　しかしエリート側の有名な例で言えば、戦争を決意したときに山本五十六が「半年ぐらいは勝つでしょう」ということを言ったそうですね。ミッドウェー海戦みたいなものがきっとあることも推測されていたはずです。勝ってたあと何をするのか、半年経って何をするのか、何か方針があったという文章を読んだことがありません。私はエリートが政治をすると思っていますから、それは無責任です。

雨宮　いやだから、エリートが大衆を抑えきれなかったわけです。抑えきれなくて戦争に行ってしまった。それを、エリートがある判断をして大衆がついていったというのは、エリートの過大評価です。私の最初の修士論文は日露講和騒擾だったのですが、日露戦争が終わった後に東京中が焼き討ちされるんです。京都もそうだし、神戸もそうです。あの騒擾の持つ意味は、最下層の民衆が日露講和に反対しているということで、たとえば風見章がこうした下の動きに反して戦争反対なんて言えないと思うんです。それはなぜかというと、本来のちゃんと解ける社会問題のルートを、自由主義派と反動派がつぶしたからというのが私の見方です。

河野　雨宮先生の解釈は、重臣の宮中リベラリズムがむしろ大衆社会の動きを抑えたというものですね。

雨宮　そうです。ただ自由主義派がノーマルにそこを抑えたのではなく、つまり治安維持法みたいな形ではなくて、労働組合法や小作法を自らつくって解決するようなルートをいろんな部分でつくろうとしたわけですけど、財界も既成政党もそれを潰してしまったんです。

河野　農地改革にしても、当時の和田博雄のような農林省の革新官僚は、ぎりぎりのところまで自作農創設という法案を帝国議会に出しています。けれども帝国議会の多数は政友会で、名望家で地主ですから、当然潰すわけです。そうでなかったら、農地改革ができたかもしれませんが、実際には戦争に負けるまではできなかった。負けて第一次農地改革で和田たちが出したものは、ＧＨＱはノーだった。より完璧に第二次農地改革ができたところを見ると、おっしゃる通り戦前に民主化なり農地改革の九割まではできていたけれど、あの戦争に負けなかったら最後の一割はできなかったわけです。そうすると、占領改革がなくても民主化ができたというのは九割までは、そう思うんですが、最後の一割がひっかかるんです。

雨宮　その通りだと思いますが、私はその残りの一割は、日本国民が長い間時間をかけて、ダラダラやったほうがよかったと思っているんです。これは学問外的な動機ですが、つまり九割の民主主義でよくて、残りの一割を突破するには、たとえば政治犯を釈放するのはアメリカに頼むんじゃなくて―こう言うとナショナリストになっちゃうんだけど―政治犯は日本国民が釈放すればいいということなんです。それを、アメリカによって釈放されて素晴しく制度が変わったという話自体が問題だと私は思っているわけです。だから、九〇％のデモクラシーで何で悪いんだと。

村松　九〇％もデモクラシーなんかないに決まっているじゃないですか。あれだけコントロールの効かない翼賛体制ができちゃっているんだから。

雨宮　しかし、さっき言った四つの潮流が組み合ってしまった形だから、そんな立派な民主主義ができるわけがありません。私は「総力戦体制論」でアメリカもイギリスもナチスも検討しましたが、すべて多様な勢力が存在して関わっているわけで。私が四潮流論で言いたかったのは、むしろそのほうが当たり前で、立派なファシズムも立派な民主主義もそんな簡単に存在するわけがないんです。だから、なぜそうであるのか説明するという問題で言えば、四つの潮流のプロセス自体がいまを生んでいるというふうに言ったほうが、はるかに説明能力があるのであって、日本国憲法ができたからこうだということは、ある表層では言えても、もう少し深い問題や長い展望を考えると説得力がないと思います。

河野　しかし九割民主主義でそのまま行ったら、天皇大権が残るわけでしょう。そこですよ、私が思うのは。

雨宮　天皇大権については、各政党の当時の憲法案は全部天皇大権を撤回しました。敗戦国になったら憲法は変えざるを得ない。だから、天皇大権であの状況がそのまま続くとは考えられません。

村松　ポツダム宣言をもっとはやく受諾できたという主張ですが、私は歴史の過程を十分知っているとは言えません。しかし、戦前はエリート支配の時代ですよね。ただ確かに国民大衆を従えて日本は最後まで戦うと陸軍が言って、それに引っ張られたのは、雨宮さんの言う通り国民大衆が背景にあったのでしょうね。

雨宮　難しい話ですが、無条件降伏でなかったら、リーダーたちが自由主義派を含めて既存のシステムを維持しようとするのは決まりきった話です。完全に負けたわけではないのに、全面的に無条件降伏をするなどという政府は存在しません。そんなことありっこない。

村松　「完全に負けたわけではない」というのはどういうことですか。世界中の戦争で、そこまで、自分の軍隊や軍隊の基礎になる国民や人々を殺すような戦争はなくて、やはり条約を適当なタイミングで結ぶんです。歴史を見ると、長くやったのは三〇年戦争くらいでしょう。昔の話です。軍隊だけがぶつかる時代の政治です。

雨宮　だけど敗戦時の鈴木貫太郎内閣は革命政権ではなかったわけです。そうすると、私の言う四潮流の中の天皇制自由主義派です。自由主義派といっても、当然ながら既存のシステムの上に立った潮流ですから、最低限の国体の護持、つまり天皇が在位している立憲君主制の維持が第一の関心事だったわけです。立憲君主制までやめることを敗戦を交渉する内閣が言えるわけがない。革命ではないわけですから。

村松　しかし敗戦の認識がまったく常識外でした。ある時点で、早い時点で敗戦は客観的に明白な状態にあったわけです。最初の半年で勝つわけがないという感じが本当はあった。その後、もうちょっと頑張ってもよかったかもしれないけど、戦争はもっと早くやめるべきだった。

雨宮　戦争をやめなかったということは、いま私が言った四つの潮流の中で、戦争を維持したほうがいいと思う者と、そろそろやめたほうがいいと思う集団の間の力関係の問題として説明すればいいわけです。そこで反東条連合ができて、東条内閣が倒れてはじめて敗戦を受け入れる内閣ができたんです。それがなかったら、敗戦がもっと遅くなっていたことは自明の理です。それを、戦争はもっとはやく終わるべきだったとか、先生らしからぬ、外側からの当為論で話をするのはちょっとおかしいと思います。

村松　それは東条内閣が倒れたときに、敗戦を認めたという意味ですか。

雨宮　戦争の真っ最中に主戦論の政府をやめさせるのは大変なことです。それを何で説明するのかですよ。

村松　敗戦はポツダム宣言が最初に出たときでもよかった。

雨宮　だから先生、それは外側の議論でしょう。つまり、本来、敗戦がはやくなされるべきだったという。

村松　外側の主張であることは認めざるをえない。しかし、雨宮さんご自身の実証もできていない、ということを私は言いたいんです。責任者は明らかにいるはずですが、それを追及することを日本人が自分でしなかったのがつらいところです。。

雨宮　日本国憲法ができたから日本のデモクラシーが開花したという議論と、自ら戦犯を裁けなかったというのは、実は同じ問題だと思っているんです。さっき言った九〇%の話ですが、後の一〇%をグジグジしながら日本国民が民主化すれば、戦争責任の問題も時間がかかっても自前でやることになる。日本国憲法は与えられて素晴らしかったということになるけれども、喜んでいる人間たちに自分で自己責任で戦争責任を糾弾できるかと言ったら、できるはずもないでしょう。日本国憲法が戦争責任を追及する主体を生み出すという話は一応ありですが、それはすごく変な話で、リアリティがありません。

村松　なるほど。後知恵的に理想論を言っているという自覚はあります。しかし、日本のアクションによって世界中に大勢の死者を出したという状態をつくってしまったから、それに対する責任はあります。そのときに、その国に裁かれる前に、自分で自分を裁こうという態度のほうが理想的です。私はドイツの政治学者が今なお、日本の戦後の処理が不十分であると言っていることを気にしています。

雨宮　理想的ですから、日本国憲法なんかを受け入れないで、農地改革などの一切の決着は自分たちでつけると。だから、占領軍に言われたことは言われた通りにするけれども、もう一回やりなおそうと言えば、戦争責任の問題も後からできたと思うわけです。敗戦過程で、敗戦で全面占領されたときに、アメリカが天皇を守っているようなときには、そんな自由はありませんから。

天川　いろいろな話のレベルがあると思うのですが、雨宮さん流に言えば、占領されるのが当たり前で、占領がいろんなことをやるわけですけど、つまりは占領後どうするのかという、そういう話ですか?　たとえば、事実の問題として占領軍が制度を改正しようとするのは当たり前の話であって、それを受け入れざるを得ないわけでしょう。あるいは、そこで無駄な抵抗をするのか、そうでないかという問題がありますけれど、受け入れざるを得ないんだとすれば、その残り一〇%をどうするか、あるいはその抑えられたものを回復するためにどうするかということになると、戦後の岸や鳩山みたいに占領改革・憲法押付け反対になると、そういうことですか?　まったく同じではないですね。

雨宮　まったく同じではないのです。むしろ、村松先生の言うデモクラットこそが、そうすべきであったと思っているわけです。

天川　五〇年代にね。

村松　雨宮さんの見解がやっと分かったような気がします。つまり、岸信介らが危険だという不安感が、彼らが公職追放から解放される前にあったんです。私の読んだ行政学と政治学の人たちは、戦前の体制に批判的で、戦前に戻ることを恐れていたわけで、官僚批判をしていたのですね。だから官僚優位論は批判の言葉で、官僚レベルの話ではないのですね。

河野　官僚優位論が批判の言葉だった、というのはよく分かります。官僚優位論には「戦前に戻ってはならない」というメッセージがあると思います。

村松　私らが『レヴァイアサン』を議論したときも、もうそういうことを言っているような時代じゃなくて、もっと日本のデモクラシーの現実をちゃんと分析しようよと言ったつもりです。ノーマティヴな議論がわれわれにもなかったわけではないと思います。実証的アプローチの方が実りがあるんじゃないかということでした。

雨宮　それは分かります。しかし、村松先生がやられた問題はアンビヴァレントというというか、ある意味では自己否定的な予言でもあった気がするんです。つまり大嶽さんたちが批判した、戦前に戻ることを過度に恐れているのではないかという事態は、あえて丸山さんたちがつくった警戒論だったという可能性があり得るように思うんです。私はそこでもう一声かけて、自前で改革を行うという、つまり進歩派が占領改革をご破算にするものとして岸や鳩山を批判したこととは違う位相で、そのことを言うのが一番よいと考えているわけですが、おそらく丸山さんたちはその次善の策として、官僚優位論でもって戦前に再び戻ってはいけないということを、一五、六年くらいやってみたのでしょう。そうすると、もう現実に戻るはずがなくなった段階で、『レヴァイアサン』が「それはおかしいだろう」ということで乗っかってくるという、そういう構造だと私は思っています。要するに、戦前に二度と戻ってはいけないと、丸山先生や辻先生が一生懸命言っていたわけですけれど、皆がそう思って戦前には二度と戻らないという実績が出てきたら、『レヴァイアサン』の人たちがやって来て「もう戻るはずがないだろう」とそれに乗っかったわけです。

村松　それは言論の業績の過大評価で、私はそこまで言論が重要な役割を果たしたとは思わないんです。むしろもっと単純に、実態において土地改革とかアメリカの資本の流入とかが、日本の戦後の経済を可能にして体制化していったということではなかったか。そうしたことを学問としてやろうと主張しました。

河野　大嶽さんが『戦後政治と政治学』という「ＵＰ」に連載したものを一冊にして、東大出版会から出したでしょう（一九九四）。だから、今の話はおそらく、高度成長現象を一つ補助線に入れると、戦前にそんなに簡単に戻るのかどうか、つまりもうすでに高度成長期を経由した政治を享受している日本の有権者が、もう一回それ以前に戻ることはあり得ないというのが、大嶽さんの認識だったのではないでしょうか。

雨宮　いや、辻さんや丸山さんが戦前に戻ってはいけないという議論をしているのは、四〇年代から五〇年代、六〇年代の最初ぐらいまでで、若干惰性があったかもしれませんが、その辺りのレベルではああ言わざるを得なかった。それにもう一つ、彼らは官僚に対する影響力、政治家に対する影響力も著しくありましたから、日本全体を戦前に戻さないということを、六〇年代ぐらいまでに完成させた。高度成長もその筋でできたとまでは私は思いませんが、確かに何かをつくったとは思うわけです。その上で、高度成長のメカニズム自体が総力戦体制の中の行政指導の問題とか銀行の問題とか、間接金融・直接金融の問題を含めてほとんどつくられていたわけです。もちろんそこはいろいろなものが入ってきますが、アメリカが入れたからということで説明することは無理がある。

村松　私はもっとアメリカの影響が強いと思っています。戦前と戦後の違いは、マーケットが日本にとって中国からアメリカに変わったことで、それがアメリカの重要性の一つです。そしてもう一つは、日本が戦前に戻ろうとはっきりしたら、あの時期であればアメリカは介入を行っただろうということです。アメリカの強い拘束の枠にわれわれは入れられて戦後があるわけで、戦前に帰るわけがない。だからそれならもっと早く、自前の国家の議論をすべきでした。しかし、これは市民としての主張で、私自身の研究は一九六〇年代以後の政治過程です。

岡村[*]　岡村と申します。二つ質問があります。一つは、今の議論では、戦前・戦後の断絶性を一つのキーワードとして論じていらっしゃいましたが、戦後の多様性についてどう思われるのかということです。たとえば私は、学生運動が終わった後に生まれた世代なんですが、戦後と一口に言っても学生運動の前と後とでは違うのではないかとか、そういったことがあるので、先生の中の戦後、私が言うところの戦後にもいろいろな流れがあると思うんです。私は、特にローカルメディアの研究をここ一〇年していますす。メディア論でやっていくと、たとえばインターネットであるとか、最近はツイッターであるとか、政治的な意思決定であるとか、世論の形成などです。私の指導教授はマスコミ論の先生だったので、その辺すごく興味があるんです。それで、そうしたメディア論の観点から見たときに、戦後と一言に言ってもインターネット前とインターネット後という形で、憲法問題などをめぐる解釈のディスコースなども変わったと言えるんだろうかということが一つです。

もう一つは、先程からの議論を拝聴していまして、私の専門なんですけど、コミュニケーション主体というか、私は社会学が一応専門なんですが、多様なコミュニケーション主体というものを設定しても面白いのかなと思うんです。そうしたときに、官僚・エリートと大衆という二項図式は分かりやすいんですが、その間にたとえば、先程雨宮先生も触れた地方のローカルなオピニオンリーダーといった層のコミュニケーション主体といったものが、大衆と官僚の間に存在するかもしれないですね。そうすると、コミュニケーション主体の多様性というものについて、村松先生がどうお考えなのかをお聞きしたいと思ったのです。

村松　コミュニケーション主体というのは発信主体という意味ですか。

岡村　発信主体という意味です。たとえば、国家をいかに統一していくのかというのを見たときに、ベネディクト・アンダーソンなんかは新聞などをものすごく強調するわけです。だから発信というより、情報を解釈し、さらに発信するようなメディアですね。だから私はそのメディアのなかで、世論や社会的なうねりなどが形成されるのではないかと考えているんで、その辺り先生はどのようにお考えなのかなと思いまして。

村松　私自身の議論は古いタイプというか、戦後体制をどう理解するのか、それがいつ融解したのか、そういうことが私のずっとやってきたことで、関心はそこにあるんです。メディアが重要であるという議論はたくさんあって、そういう研究も読んではいますが、私が責任をもって答えられないだろうと思います。特にアメリカのローカル紙などを見ているとそうですが、明らかに大衆社会化とともに新聞が生まれて、そして新聞の時代からラジオの時代になった。ラジオのもっている影響力というと、アメリカのルーズベルトや、ヒトラー、ゲッペルスなどが有名ですが。そういうラジオの時代からテレビの時代が来るわけですが、テレビの時代もおそらくいくつかに分かれていて、初めの頃と今の「みのもんた」みたいなのが生まれてくる時代とでは、同じテレビでも影響力が大きく変わっています。それがなぜかは私には分かりませんが、明らかに変わったと私は思っています。キャスターがリードする番組が多くなった。だけどインターネットというのはまた新しい次元で、メディアのタイプによって違う政治が生まれたり、違う政治家が生まれたりするようになっているということは確かにあります。このようにメディアの発達によって、われわれ自身も、普通の国民自身も変わることがありますから、メディアを主要な枠にして政治を論じるのは明らかに重要な領域だと思います。

われわれの領域に近いところで言うと、蒲島郁夫さんが「社会の権力は誰にあると思いますか」という質問でやった調査では、領域によって違いますが、あらゆる階層や年齢層でメディアの影響力が一番で、その次が官僚という結果になって、メディアの圧倒的重要性を主張しています。

岡村　やっぱり、その辺りのメディアの影響力を先生も気になさっているんでしょうか。インターネットだとポリティカリー・コレクトな言説というのは、多いとか少ないとかではなくて、絶対に言ってはいけない言説、たとえば外国人排斥であるとか、特定の集団への口汚い罵りであるとかがあって、それで選挙で絶対に入れないだろうという人にも票が入っているわけです。そういったものを考えてみると、政治家自身がツィッターで発信する、それでまたそこから大衆のいろんな声を聞く、そういうのを見ていると、よくフラットなんていい方をしますけれど、エリートが政治のシステムを管理するということから、よく悪くもフラットな感じになっていると思うんです。あるいは、そうでもないと思っていらっしゃるのでしょうか?

村松　だから、管理と言いましたけど、管理権があるのかないのか、というのは一つの大きな分かれ道です。それで、管理をどの程度するのかに、色々なグレードがあるかもしれません。誰にでも人権を保護することで制約を加えたことが、政治的に影響やバイアスを与えるということもあると思いますから。だけどこの影響力は、本当のところはまだ分かっていないのではないでしょうか。ある程度インターネットが投票や世論に影響を与えているのは、誰もが知っていることです。全代議士が自分のサイトを持っているわけですから、それは確かなのですが、どの程度かは分かりません。はっきりした研究を知りません。

岡村　この間、あるテレビのプロデューサーが「インターネットが怖い」と言うんです。つまりマスメディアもコントロールできないというか、政府の公共広告機構でも何でもいいんですけど、ある程度あしましょうこうしましょうと言っていたけれど、最近マスメディア側が、自分たちも怖くなってきたという言い方をするわけです。だから、今までのメディア論では、六〇年代、七〇年代にはマスコミの皮下注射理論や、二段階流れ仮説が出されていましたが、違うフェーズに入ってきたのかなと思います。だからさっきお話を聞いていて、戦争責任にしろ、戦争中であれ何であれ、大衆と官僚との主体の関係がぐちゃぐちゃしているような気が私はしています。

村松　今のお話は、誰か一人がスピーカーとして話して、皆で議論しあうような重要なテーマだと思います。しかし、私が読んでいる範囲では、証拠というのをどうつかまえるかが難しいんです。明らかにおっしゃるような影響があるんですけれど。

雨宮　ハンターの反論で、証拠があること自体が、非決定権力を隠すことだという議論と関係しますよね。

岡村　だからアートなどではフラット化が進んでいるわけです。

村松　フラット化は進んでいるかもしれませんが、その点で言えば、種々逆説があります。今まで投票で影響力を与えてきた人たち、つまり老人たちが影響力を失っています。皆インターネットを使わないから。だから政治家に聞いても、若い人の意見がいやに反映しているという印象があります。政治家にインタビューして「あなたはどういうメディアにセンシティヴですか」と聞いても、面白いかもしれない。

天川　でも、投票に行くのは老人層でね。

村松　そうです。若い人は投票に行かないんです。授業で私はアジっていますけど。「君らが投票に行かないおかげで、われわれ老人層は有利である」って。何かズレていますね。

雨宮　そろそろ時間です。今後も続きますので、今日はこんなところで終わりにしましょう。どうもご苦労様でした。

＊　岡村圭子　獨協大学国際教養学部准教授（当時）

戦後日本のシステム─多元主義、新自由主義、ポピュリズムの観点から

大嶽秀夫

多元主義─三つのモデル

『レヴァイアサン』を発刊したときに、われわれは多元主義者であると言われ、戸惑ったのです。確かに、僕自身はアメリカで「多元主義」を研究して帰ってきたんですが、実は、それまで東大では、マンハイムだとかカール・シュミットだとか一九二〇年代の「古典」を読まされていたので、シカゴ大学に留学した当時、新鮮に思ったことを覚えています。

多元主義はいろんな意味で使われるんですが、普通は三つに分類することができるんです。一つは、多元的な利益が政治の中に反映されているというものです。これはグループ理論の枠組みで語られることが多いんですけれど、いろんな利益が圧力団体を通じて、議会にプレッシャーをかけて、議会の中で取引が行われて…と。流動的な政治体制の中で、利害がぶつかり合って政策が形成されていくという意味、それが一つ。

もう一つの多元主義の意味は、政策決定の場、アリーナと言ってもいいですけれど、これが多元的であるということ。つまり、教育政策なら教育政策、防衛政策なら防衛政策、そういうふうにそれぞれの分野に応じて政策決定の場、アリーナが、相互に独立して存在している。つまり、多元的な政策決定アリーナという意味で使われるんです。当然、それぞれのアリーナの中でイニシアチブをとっているグループが存在し、それが政策決定者の多元性を保障する形になっているというものです。

最後は、もっと体制論的な考え方で、エリートの中の多元性です。これは通常、政治エリート、経済エリート、社会エリート〈社会エリートとは、宗教界とか教育界とか〉とが、相対的に独立しているというものです。

それで、僕たち、いえ、村松さんのことは知らないけれども、僕の理解するところではわれわれは、日本はこうした三つのいずれの意味においても多元的であろうと考えた。ただし、第三番目については、政治エリートと経済エリートが本当に相互に独立しているのかは、微妙なところがあるし、優劣、つまり財界が有利なのか、政界あるいは官界が有利なのか…という問題もあるのです。しかし、そういうふうに見てみると、どこの国でも、多かれ少なかれ、悪い言葉でいえば「癒着」、あるいは「つながり」があるわけで、程度の問題であると。だから、よその国（たとえばアメリカやフランス）と比べて、日本がとくに三つのエリートが一枚岩であるとはいえない。人事についても、お金の使い方についても、独立性を持っているといえるんです。

ただ、以上の三つの意味でのシステムの中で、エリートの存在は否定していないんです。完全な平等性があるという考え方ではないんです。そういう意味では、民主主義の理想論とは離れていて、エリートがイニシアチブをとり政策を決定していく、ただし、こういうエリートの多元性だけではやっぱり多元主義とは言わない。なぜかと言えば、たとえばナチスドイツにしろ、旧ソ連にしろ、大日本帝国にしろ、エリートの中の多元性というのはあったし、多様な利益もある程度は代表されていたし、政策決定のアリーナも独立していた。だから、多元主義という言葉で呼ばれるためには、大衆に対する一定のアカウンタビリティーがなければならない。エリートは政策の決定を独占しているけれども、大衆の利益に一定の配慮をしている、そういうものでないと多元主義とは言わない。これについても、日本は完全とは言えないまでも、よその国と比べて相対的に劣っているとか、民主主義的でないとは言えない。そういう意味で、日本も多元主義と言っていたんです。

多元主義の理論というのは、抽出してモデルを組み立て、ケース・スタディをやっていくと、非常に流動性が高くて、政策の決定はそれぞれユニークで、ということになって、それを理論化するのがなかなか難しい。それを超えて何かの理論をつくるのが難しい。あらゆる政策決定は流動的であり、いろんな利益が登場しぶつかり合い、云々という非常に叙述的な議論になっていくんです。

実証研究―新日鐵の合併

その中で僕が実証研究をやった一つが、新日鐵の合併（八幡製鐵・富士製鐵の合併）です（『増補新版　現代日本の政治権力　経済権力』、三一書房、一九九六に所収）。この当時の若い学者はみんなそうなんですけれど、一九六〇年代後半の日本政治をみて、「日本政治の体制の原型」のイメージをつくり出すんです。高度成長の真っ盛りのころです。私自身もケース・スタディで扱っているのは、どれも六〇年代末の話なんです。ともかく、新日鐵の合併は、一九六九年から一九七二年まで揉めに揉めたんです。結局、合併はするんですけれど、合併を通じて業界を再編成し、それを梃子に日本の産業全体の構造を変えていこうという、通産省の狙いは挫折したと考えています。

このときの対立の構造は非常に明確で、なぜ合併をするのかといえば、日本の鉄鋼業界あるいは自動車も何もかも含めてですが、日本の業界の過当競争が背景にありました。これは、設備投資が激しすぎて生産過剰になる恐れがあるということです。過当競争というのは通産省の考え方だったのですが、実際には過当でも何でもなく、どんどん成長していくのですけれど、当時は過当競争になると考えられていたわけです。それを防ぐために大企業の間で一種のカルテルを結ぶ。それは、設備投資のカルテルだったり、生産カルテルだったり、価格カルテルだったりするのですが、相互に調整して生産が過剰にならないようにし、不況を生まないようにするという目論見でした。この試みが失敗して、それならばと、出てきたのが合併話です。八幡製鐵と富士製鐵という大企業を合併させることによって巨大な鉄鋼会社をつくり出し、それが業界全体のまとめ役を果たすよう期待したのです。それくらい巨大な企業になるとシェアも非常に大きくなるので、ほかの企業も言うことを聞かざるをえないという、これが通産省の狙いでした。

それに同調したのが、いわゆる進歩的財界人でした。木川田一隆ら経済同友会系の財界人が通産省の指導を受け入れて、日本の産業を秩序あるものにしていこうと言い出した。これに対して、八幡製鐵、富士製鐵のそれぞれの経営者であった稲山嘉寛（八幡）と永野重雄（富士）も賛成するんですが、公正取引委員会が待ったをかけた。財界の中でも強力な合併反対論があって、それは「競争こそが日本経済の効率を高めるのだから、競争を制限するようなことはやるべきでない」という理由です。いまで言えばネオリベラルといっていいと思うのですが、そういう自由主義経営者は「企業のことは企業に任せろ、政府が介入すべきでない」という立場も同時に含んでいました。経団連会長だった石坂泰三とか、その跡を継いだ東芝の土光敏夫は、皆この自由主義的経済人に含まれていたんです。そういう意味で、財界の中ではっきり「進歩派」というか「協調派」と、「競争派」が分かれていた。

このときに労働組合がどういう立場をとったかというと、当時、鉄鋼の労働組合は労使協調型で、すでに激しい闘争は終わっていましたが、彼らは「あまり競争が激しいのは困る」と。つまり、競争は労働強化につながるから、合併してもらった方がいいという立場で、協調派に同調していました。

この対立が恒常的なものだと考えたのは、戦後、財界の中でこのような二つの立場が繰り返し登場してくるからなんです。目立った事件として、住友金属事件というのがあって、これは住友金属が自社工場を拡大しようとしたことに対して、通産省が「設備過剰になるから待て」とストップをかけ、住友金属側が「設備投資の決定は企業の判断に任せるべきだ」といって対立した事件です。

それから、これは全然畑が違うんですが、朝鮮戦争が終わって特需が終わった不況時の一九五三年に、通産省が、当時日本の重工業化が進んでいない段階だったので、兵器産業を育成することによって日本を一人前の工業国にしようという計画を立てて、経団連の防衛生産委員会を通じていろんなプランをつくらせて兵器産業の育成に取りかかるんです。これに待ったをかけたのが吉田茂と金融界なんです。その理由は、兵器産業は需要が不安定で、戦争が起こらなければつぶれてしまう非常にリスクの高い産業であるということで、別に平和主義の立場から主張されたものではありませんでした。結局、日本の兵器産業は、大々的に育成されることなく終わってしまったというのが私の見解です。三菱重工でライセンス生産なんかをやりますが、通産省が狙ったような大規模な兵器産業にはなっていません。一九五三年当時は、インドシナ戦争が拡大の兆しを見せていましたから、これに乗れば、大々的な輸出産業として兵器産業を育成できたかもしれないという時期でしたが、吉田らはそれにストップをかけた。つまり、一方は「成長派」というか、政府主導で経済を成長させる派、他方には、政府がそういうものに介入するのはよくないという慎重論がありました。後者の、経済の自立性を支える、あるいは企業の決定を自己責任に委ねるという意味での経済的自由主義というのが、日本の中に根強く存在していということを示していたと思います。

もっと大きな枠組みで言うと、違和感があるかもしれませんが、後に三木内閣のブレーンになった木川田一隆や、財界の進歩派といわれている人たち、やや左よりの人たちです、それに対して新自由主義的な人たちがいました。こういう構造的な対立が、エリートの中にずっと存在し続けてきた。それは経済界の中にも存在するし、政界の中にも存在する。そういう対立の中で政策がつくられていくわけで、グループ理論が想定するような、多様な利害がぶつかり合って非常に流動的だというのではなく、もっと構造的な対立が、色々な争点をめぐって起こってきている。教育の問題にしても、教育の自由化（丸刈りや制服への反対）をめぐっても、統制的な考え方と自由主義的な考え方との対立が起こっている。つまり、争点縦断的に、同じような対立が存在しているのではないか、と考え始めたのです。

一九七〇年代中頃、こんなことを言うと、とくに歴史家から「日本に自由主義があると思っているのか」という批判を受けました。当時、自由主義はプラスのイメージで、僕が言っているような小さい政府論という意味ではなくて、進歩的自由主義というか、そういうものを自由主義と言っていたので、そういうものは日本にはないという批判だったのです。日本は新自由主義的な国であるとか、自由主義的な国であると言ったのは、実は外国人の方が早くて、ミルトン・フリードマンなどが「日本はマーケットが優位で、私の提唱するようなシステムを採ったから日本は成長したのだ」という議論を展開しています。それに対して、もちろんチャーマーズ・ジョンソンのように、国家・官僚優位論というか、「通産省が指導したから日本は成長した」という人もいます。これはなかなか決着がつきにくいところで、僕もどちらが正しいかを判断するのは難しいと思っているのです。

自由主義と社会民主主義

その後の私自身の研究について少し述べてみたいと思うんですが、こういった自由主義と社会民主主義の対立というのは最初にどこに現れてきたのか、とくに財界の中ではどこに現れてきたのか。こういう問題を考えるときに、労働争議における対処という問題があって、日経連は労働組合に対して厳しく対立する態度をとりました。これに対して、経済同友会系のたとえば大塚万丈などは非常に同調的で、今でいう経営参加のようなことを提唱し推奨しようとする。最終的には、アウフヘーベンされたような形で、労働組合も企業の中に取り込まれていき、経営にも参加するようになります。しかし他方では、企業間の競争は激しいというシステムになって、その意味では、日産争議(一九五三年)の結着は、企業内では「社会民主主義」、マーケットでは「自由競争」という構造をとるようになった最初の事件だったのではないかと思っています。

ついでに言いますと、吉田茂は、日本には重化学工業など育つはずはないと思っていたんです。日本は通商国家で、その際の通商というのはあくまで軽工業で生産し、それを貿易の対象にするということでした。したがって、重工業の育成には反対していたということになります。それに対して、商工省、通産省、やがてそれが岸信介につながっていくのですが、彼らは日本をあくまで重工業の国にする、その場合のイメージにはやはり満州国建設があって、国家主導の重工業化を進めようと考えていた。ここでも、吉田との違いが明確でした。吉田は自分のことを「自由主義者」と呼んでいるのですが、そういう意味でも小さい国家でいこうと考えていた。日本の小さい国家論には二つの流れがあって、財界のいう新自由主義的な小さい国家論と、もう一つ、中小企業の中に小さい国家論があるんです。通常、日本の中小企業は国家から援助を受けていて、自由主義的ではありえないと思われています。しかし、中小企業経営者の中には独立自尊という考え方が強くて、金を貸してくれるよりは税金を安くしてくれた方がよい、という人が多い。税金を少なくするという意味での小さい政府を支持しています。僕の弟子だった渡部純君が日本の中小企業の中にある独立性というエートスを分析して発表していますが、五〇年代からずっと減税要求が出ていて、政府もそれに応えて、日本政府はGDP比でいって、世界で最も政府支出が少ない国であったと。現在はまた少し違いますけれど、高度成長期を通じてどんどんGDP比が下がっていって、世界で最も少ない国の一つになったということなんです。こういう点からいっても、僕はフリードマンの主張が当てはまる点が多いと考えています。

その後、いろいろ研究しているうちにドイツに行く機会がありました。そこで、ドッジ・ラインとドイツの通貨改革の比較研究をしようと考えました。ドイツの通貨改革は一九四八年で、日本のドッジ・ラインの半年前なんですが、通貨の改革と同時にいろいろな規制緩和をやっているんです。それまで、物価の規制や賃金の規制などやっていたのを全部外すという、そういう意味で一種の自由化政策でした。これをアデナウワーがやる直前まで、また、日本でドッジ・ラインをやる直前まで、ドイツも日本も社会民主主義的な政策に傾いていた。

片山内閣で経済安定本部がつくられ、ドイツでも基本的にはＳＰＤ（社会民主党）が州政府（まだ中央政府ができていませんので）を通じて計画経済を歩んでいたんですが、これが一変して、冷たい市場の風に当たらせることによって企業の足腰を鍛えさせるという方針に転換する。それが日本とよく似ているんです。ドッジ・ラインとドイツの通貨改革との比較研究は、ドイツの首相であったヘルムート・シュミットが大学の博士論文で書いたということを後で知って驚きました。ただし、ドッジ・ラインがあってしばらくすると、吉田が退陣して、鳩山内閣、岸内閣になると、これがまた再転換して、社民的な方向に進んでいきます。岸は一方で右翼的ですが、他方で社民的でもあって、国民健康保険や国民年金などを制度的に最初に固めた人でもあります。これは、ビスマルクも同じで、一方で弾圧しながら、他方で国民を保護したというスタイルをとったのですが、そのような、一種の疑似社民的な路線をとりはじめたのです。ドイツの場合も同じで、一九五三年に年金改革を実施していて、そういう形で転換が起こるのです。

日産争議

その後、日産争議の研究をやりました（『戦後日本のイデオロギー対立』、三一書房、一九九六に所収）。日産は、争議の当時、最も協力な組合を持っていたのですが、日産争議を通じて組合がつぶされ、最も右翼的な組合になりました。そのときに、これまでは「経済をめぐる政治」というふうに見ていたんですけれど、それと同時に、日産争議では、企業の中でもそういう争いがある、ということがわかった。僕は四つの路線というふうに考えたんです。最も右なのは、組合運動は禁止して、もし労働争議が起こったら警察力を導入して弾圧するという一種の権威主義的な経営のあり方です。二番目は自由主義的なあり方で、組合は認めるけれども経営権にはタッチさせないというものです。むしろ、賃金を上げることによって労働者の不満は抑える。賃金を上げるには生産性を上げなければいけないから、労働強化にはなるという路線です。非常に厳しい労働強化をしながらも、賃金を上げることによって労働者の不満を抑えていく。これが僕は新自由主義的な考え方だと思っています。三番目は、どこまで行くかは別ですが、何らかの形で労働組合が会社の経営に参加したり、あるいは組合員の首を切ることに強い規制をかけたりという社民的な路線です。そして、最後がアナルコ・サンジカリズムというか、戦後初期の段階では生産管理と呼ばれましたが、労働組合が完全に経営権を握って、経営者を追い出してしまって、自分たちで企業を運営するという、四つのパターンです。

これは政治の世界にも見られる四つのパターンなんですけれど、企業の中でもそういうものが見られ、四つの路線が日産争議の中で現れました。最終的には自由主義と社民主義の一種のコンビネーションです。外では非常に激しい自由主義競争ですので労務管理は厳しいんですが、中では労働そのものを生きがいと感じさせるような生産性向上運動が行われる。生産性を向上させるために労使が協調するシステムが日本でできあがった、そういうことを書きました。

新自由主義改革の時代

ドイツに行っていたのは一九八三年から一九八五年までの二年間です。帰国したら「中曽根の時代」が色濃く刻印されているという印象を受けました。中曽根内閣の行政改革の中に新自由主義的な、レーガンやサッチャーに結びつくような民営化、規制緩和、自由化という路線が見られました。石油についても規制緩和を行っています。他方で、中曽根には強い伝統主義と言いますか強いナショナリズムが反映していて、防衛費のＧＮＰ一％枠を外し（これはアメリカの要請に応えてということですが）、日の丸・君が代を推奨することをやっています。ただ、これはどこの国の新自由主義者も似ていて、新自由主義は確かチリからはじまっているのですが、「バークレー・マフィア」と呼ばれる人たちが、一方で高い経済効率を求めて自由化、民営化、規制緩和を実施していく。他方で権威主義的なシステムを持ち込むんです。

レーガンも新自由主義を持ち込むと同時に、今でいう一種のネオコン的なソ連との対立を持ち込む。ゴルバチョフが出てきてからは、手を結んで結局ソ連を崩壊に追い込み、解体させることに成功するわけですが、最初のうちは第二次冷戦といわれるくらい激しく対立し、軍備拡張競争をやっています。サッチャーも、一方で行政改革を断行すると同時に、他方でフォークランド紛争によってイギリス人のナショナリズムをかき立てるということをやっているので、基本的にネオリベラリズムは、こういうナショナリズムと共鳴するところがあります。

日経連の会長をやった櫻田武も、経済的な自由主義者であると同時に、靖国神社に毎朝必ずお参りに行くというタイプのタカ派で、ネオリベラリストには一種の親近性があると思うんです。新自由主義は競争原理ですから、もともとアグレッシブなところがあって、これが右に行くか左に行くか分からないんですが、日本の新自由主義者・佐藤誠三郎とか香山健一（かつての全学連委員長）は、アグレッシブなところは変わりがなく、よく似ていると思います。

もちろん、このときから新自由主義が登場したわけではなくて、戦後日本、あるいは私は戦前にもあったと思っていまして、産業化してからの日本には新自由主義の伝統があるわけですが、それが主流になり、世界を席巻したきっかけはオイルショックであろうと思います。しかし、オイルショックは引き金にすぎないのであって、非常に大きな産業の構造変化に世界が対応させざるをえなくなった背景があります。それまでの重厚長大産業あるいは大量生産方式から、消費者のニーズにきめ細かく対応できるような通信産業の発達、情報化、それによって生じたグローバル化、自由化という構造変化で、画一的にたくさんのものをつくるのではなく、消費者のニーズを吸い上げられるようなメカニズムがコンピューターによってつくられるといった背景です。典型的なのはスーパーのＰＯＳシステムで、レジで何が消費されたかを生産者に瞬時に伝える技術ができた。こういう技術に世界が対応せざるをえなくなった。こういう状況の中で、だいたい全世界に新自由主義的な思考が広がったと言えます。

新自由主義への反抗と挫折

スペインとフランスでは、左翼が一九八〇年代にはいって政権をとるんです。これをどう解釈するか。僕自身もフランスへ行って勉強してきたんですが、ミッテランは一九八一年の総選挙で大統領になるんですが、そのとき深刻な不況の中にあったのです。その結果、彼は典型的なケインズ政策を採ります。どういう政策かと言いますと、福祉、失業保険を充実させるという、ある意味でばらまき政策をするんです。そうすれば、皆がものを買ってくれる、皆がものを買えばフランスの産業が復活する。そういう狙いだったんですが、実際にばらまいてみたら、皆はフランスの商品を買わないで、ドイツやイギリスなどの外国の商品ばかり買ったんです。たちまちにして金《きん》の在庫がなくなって、外貨不足に直面し、非常に苦しい事態に直面するんです。

そこで、政権をとった二年後（一九八三年）にいわゆるUターンと呼ばれる政策を採ります。その当時、選択肢が二つあったのですが、一つは貿易を制限してしまうことで、一国経済でいくという道です。これは、左派のシュベルマンという人が提唱した政策ですが、ミッテランはEUを非常に重くみていて、EUの中ではじめてフランスの繁栄がありうると考えていましたから、一国主義政策は採らないという決断をして、その結果デフレ政策を採る。そして引き締めをやるというUターン政策になったわけです。ミッテランは社会党政権ながら労働組合をつぶしていきます。フランスにはCFDT（フランス民主総同盟）という日本でいう旧同盟系の労働組合があって、ここが最初はミッテランのやり方を批判していたんですが、Uターンの後は労働者に対して負担を押しつける政策を採ります。

スペインも同じようなことをやります。これを「レフトのダーティー・ワーク」と言い、要するにレフトが汚いことをやって経済を再建させたと言うのですが、その後、辛うじてフランスは立ち直りました。この意味でも、ミッテランは世界を席巻した新自由主義の潮流に反抗しようとして敗れ、結局、新自由主義的な政策に転換せざるをえませんでした。その後はご存知のとおり、労働の柔軟性というものが登場して、雇用を不安定にさせてパート労働でやっていくという流れになります。組合は、どちらかといえば保守的になって、自分の組合員を守るために、パートの問題を放置するようになります。

日本における新自由主義の揺らぎ

日本はどうだったか。他の国では、レーガンもサッチャーもミッテランも、シャープに新自由主義に切り替えているんです。ところが、日本は揺れが非常に大きいんです。一三七ページの図は、右が新自由主義的発想であると同時に外交においてはタカ派的な政権、左が伝統派で社民的発想という目で見ていただければ分かるんですが、大平内閣から始まって、新自由主義的な改革が始まろうとすると揺り戻しがあって、社民的あるいは疑似社民的な方向にいくという図式です。最後は安倍内閣（第一次）までしか書いていないんですが、その後も今日までずっと左が続いているというのが私の認識です。民主党は社会党の尻尾を引きずっていますから、いわゆる改革は、放棄されているという状態で、当面、改革が出てくることはないんじゃないかと思っています。

以上お話ししたように、日本の政治体制には、自由主義・新自由主義と社会民主主義という二つの集団があって、それがいろんなところでぶつかり合いながら、あるときは右に、あるときは左に行くということを繰り返してきたわけです。

日本のポピュリズム

もう一つ、日本の政治体制を考える上で、キーワードとしてポピュリズムというお話をしたいと思います。これまで私は、日本の政治は一九七五年に大きな転換を遂げたと、いろんなところで言ってきたんです。一九七五年はどういう年かというと、新自由主義の最初の論客であった香山健一が「日本の自殺」という論文を書いて、『文藝春秋』に発表するんですが、これに土光敏夫経団連会長が大いに共感して、多くの財界人に配って読ませたという時期です。だから、新自由主義のイデオロギーというのは七五年に始まっていて、実際に政策として実現するのは八一年の中曽根内閣からなんですが、徐々に新自由主義的な発想が浸透していったのです。

七五年は、もう一つ七五年春闘があった年です。前年はオイルショック後、三三%のインフレがあって、それに伴って七四年春闘では三三%の賃上げを要求して、これに成功します。しかし、そのために賃上げとインフレという悪循環に陥って、このままでは日本経済は凋落するとして、財界も政府も、それから労働組合の一部の日産自動車の塩路一郎とか、ああいう人も一緒になって七五年春闘を抑え込んでしまった。なぜ抑え込んだのか。先程の話とも関わるんですが、当時の労働組合の中心は国鉄の国労と動労です。国鉄が止まれば東京は干上がってしまうと言われていました。国労と動労は一週間のスト（スト権スト）を打ったのですが、政府は周到に準備して、トラックを調達して物資の輸送を始める。そうすると、鉄道は動かなくてもトラックで代替できることが分かって、通勤の足止めを食らったサラリーマンは怒るし、結局三日ぐらいでストをやめざるをえなくなる。七五年とはそういう年でした。そのときに中心にいたのが、当時、自民党幹事長だった中曽根康弘でした。中曽根が、国鉄を民営化しなければいけないと言って、その後民営化に向かう伏線になります。国労がつぶれれば、国労が総評の中心ですから総評もつぶれる。中曽根が総評をつぶすために、計画的に民営化によって国労をつぶすことに踏み出したのが七五年です。

また、七五年は国際婦人年でもありました。六九年から七二年ころまで、ウーマン・リブというラディカル・フェミニズムの人たちが活躍していました。この運動が消えた後に、とくに厚生省と労働省の女性官僚（フェモクラット）が、「男女雇用機会均等法」の設立に向けて動き出したのが七五年です。「男女雇用機会均等法」について、三木首相は好意的だったんですが、時間がかかって、最終的に均等法が成立したのは八五年です。均等法をつくるにあたっては、アメリカのプレッシャーも大きくて、日本が女性を安く使っているから競争上不利だ、と主張した年でもあります。

一九七四年にロッキード事件が発覚し、七六年にこのスキャンダルをきっかけにして新自由クラブができます。この新自由クラブの登場が、私は日本におけるナショナル・レベルでのポピュリズムの登場の最初だと思っているんです。その後、何かスキャンダルが起こるたびにポピュリズムは繰り返す波のように登場するんです。リクルート事件で土井たか子のマドンナ・ブームが起こりますし、佐川急便事件が起こると細川内閣が登場する。森内閣のときにえひめ丸事件が起こると小泉内閣が登場する。そういう一種の波のようなものが生まれた。それが七五年ころから始まったということです。そして、七五年は私の最初の論文が公刊された政治学上画期的な年でもあります（笑）。

以上、日本のシステムを新自由主義の観点、ポピュリズムの観点、多元主義の観点…、そういうところから見ることができるんじゃないか、というお話をさせていただきました。どうもありがとうございました。

質疑応答

村松　多元主義というのが気になっていたんです。ハイフン付きの多元主義者と呼ばれるのは、猪口さんと、大嶽さんと僕でしょう。猪口さんは、官僚包括的多元主義で、基本的に族議員などを研究しているんです。言葉の上では「省庁官僚が統括している」みたいな結論になるけれど、実際のケースを見ると、政治家が官僚にオーダーして、それが実現しているというケースが多いんです。

大嶽　彼のやったケースではね。

村松　そう、彼のやったケースでは。僕の議論で意図しているのは「官僚支配というパラダイムで見ると漏れが出てくるから、そう見てはいけないのではないか」という背景の下に実際の官僚のビヘイビアを見て、もっと強気に出ることになった。官僚優位論をとりあえずやめてみるというのが有益である、という結論を出してみたんです。このときに対置したのが、ロバート・ダールの前期の議論です。つまり、エリートを率直に認めて、エリートの競争とリソースが広く分散され、エリート相互の競争と大衆の多少の統制があれば民主主義が成り立っている、これが多元主義だ、というところをとったんです。それがどのくらい有効かを考えているときに、ダールとともにローウィの本を読んで、これを合わせて一本というふうに僕は感じたわけなんです。だから、彼らの意味くらいで「多元主義」なんですけれど。大嶽さんが多元主義者かと言うと、ご自分で主著に「多元主義左派」って書いてあるんです。

大嶽　「多元主義左派から影響を受けた」って書いてあったでしょう。

村松　いやいや、大嶽さんが「多元主義左派」という印象を持ちました。でも、今日の話を聞いても、多元主義という言葉は、私がアメリカの政治学でコースをとったからインプットされたのですよね。権力構造論のハンターに対する反論というか…。

大嶽　ハンターとミルズね。

村松　そういう主張として出てきたという要素も大嶽多元主義には混ざっているんです。ちょっとだけライト・ミルズが加味されているかもしれないけれど、ミルズはあまりアカデミックには引用されていないですね。

大嶽　実証研究としてはボロボロですね。

村松　僕は六〇年代にはダール、ポルスビー、ウィルダウスキーなどを読んでいたわけです。だから、僕はわりと素朴な多元主義なんです。「多元主義左派」などというわからないことは言わない。

大嶽　左派って意味は、多元主義というのは一種の「鉄の三角形」をつくってしまう可能性がある。多元的にアリーナがあるんだけれど、その一つのアリーナが「鉄の三角形」になってしまうと。それを批判するスタンスという意味で「左派」という言葉を使っているんです。

村松　僕もローウィを読んだときには同じことを考えていました。だけれど、僕は実際に経済界のイデオロギーや行動を分析しなかったし、本当の意味での「多元主義左派」には近寄っていないんです。そこがちょっと違うと思っていました。僕は大嶽さんの業績をしっかり読む機会がありました。ご主張の背景となる論争の紹介なども最後まで読んでみて、この人はちょっと違うと思いました。研究対象と自分のつくるコンセプトが僕よりもうちょっと構造的なんです。だから、僕の考えている多元主義ではないんです。

大嶽　村松さんの考えている多元主義とはどういうものですか？

村松　結論的には、わりとローウィに近いけれど、定義的にはダールに近くて、「リソース分散」です。リソースを持っている集団・個人は社会のいろいろなところに分散しているからその間で競争になる。それが民主主義の土俵として十分であるというものです。途中で彼は、もっと参加がなければ不十分だとか言って変節するんです。僕は参加に傾斜して変節したダールは規範的にすぎると思っていました。だけれど、ダールの議論では、結局、「鉄の三角形」のようなものができるのを見落とすという危険は感じていました。それでローウィをみて、安心して多元主義を名乗れると思ったんです。

大嶽　でも、ローウィは「自分は多元主義左派だ」と思っていると思います。

村松　思っているんです。自分でそう言っていました。しかし、ダールの下でイェール大学の博士課程にいましたしね。ダールの意味で多元主義者かと尋ねたことがあります。ダールに好意的でした。

三人が多元主義と呼ばれるとき、少しずつ違っていると、ずっと長く思っていました。猪口さんは本当は官僚支配論だし、大嶽さんは日本政治内の「対立の構図」を持っていました。今日はあえて話されなかったのかもしれないけれど、防衛と憲法九条をめぐる対立の図式というのがあって、そのことに強い関心を持っていたわけでしょう。

大嶽 七四年くらいまでね。

村松 七五年以降、新自由主義という観点で議論すると、あまり出てこなくなってしまうんだけれど、本当は、戦後全体でいえば安保条約と憲法九条・防衛政策という大きな対立軸がまずあって、そこに新自由主義の対立軸が入ってくる。たえずイデオロギーの軸が別にある多元主義ではないか。多元主義とイデオロギーの対立軸の共存のさせ方は、別の考え方がある。もう一本政治学になるなと思ったんです。私自身はより折衷的にやりました。

大嶽 防衛問題は僕も時間をかけて書いていますからね。

村松 でも、両者を結びつけているようだが併列させている。

大嶽 その点は確かに、関連づけずに独立の論文として書いてきました。でも、両者の関連は深いですか？　まさにパラレルに進行している対立ではないんでしょうか？

村松 混合していたのではないでしょうか。五五年からオイルショックまでの間、組合の要求をどんどん飲んでいく過程は、冷戦があったからでしょう。それが七二年、七三年の「福祉元年」につながるような気がするんです。やはり組合の役割があったと思う。組合にもいろいろあるけれど、大きくはそういう勢力を政府は気にしていたような気がします。

河野 大嶽先生も吉田ドクトリンのことはおっしゃっていたと思うんですが、吉田ドクトリンには国内的制約がやはりあって、吉田は護憲ではないでしょうか。

大嶽 ただ、将来的には憲法を変えた方がいいとは思っていたんです。

河野 確かにそうかも知れませんが、私の印象では、吉田本人がそうであったということとは別に、吉田の後継者は、吉田の意図に反して引き続き護憲だったと思うんです。つまり、池田も佐藤も、政権についたときに、自分の内閣では憲法改正をしないと明言してしまいます。

岸をどう見るかが外交史でも微妙なのです。結局、岸は日米安保を改定するわけですが、そこで何をやったかといえば、日本の防衛力の大幅な増強よりも、大規模な侵略についてはアメリカに依存するという選択です。つまり岸が吉田に接近したというのが私の印象で、吉田ドクトリンという言葉は当時まだないのですが、吉田路線が外交次元では定着していました。岸は、本心では改憲したかったかもしれませんが、自分が首相のときにそれをやろうと思ったかどうか曖昧なんです。改憲論者の岸というのは、確かにそうなんですけれど、岸が実際にやったのは、外交では対米依存、国内では擬似的社民とおっしゃっていましたけれど福祉国家でしょう。

それから、話が広がって申し訳ないんですが、大嶽先生は、防衛政策を念頭に置いて、岸はビスマルク的で「疑似社民」と指摘されていたと思うんですが、私は、ビスマルク的かどうかはちょっと疑問で、アメリカに言われたから防衛力増強はするけれども、海外派兵ができるほどの大規模な自衛隊をつくろうと思っているわけではないし、「ビスマルク的」「疑似社民」と言われると、ちょっとひっかかるんです。

大嶽　確かに誤解を招きやすい表現でした。

河野　岸がもし疑似社民だとすると、戦後日本に「本当の」社民がいたかといえば、社会党はご存知のとおり、西ドイツなどに比べると左翼路線で来てしまって、社民的なことを社会党はやっていないわけです。そう考えると、岸は「疑似社民」ではなく、「本格社民」なんじゃないかと思ってしまうんです。

大嶽　私は、構造改革論者になって社民連をつくった江田三郎などが本当の意味での社民じゃないかと思うんです。社民の中にナショナリズムの要素がドイツでもあります。戦前のドイツにもあります。でも、好みの問題ですが、社民という言葉を岸には使いたくないんです。西尾末広などはかなり社民的です。

河野　西尾は社民であり、同時に自衛力増強論者ですね。

大嶽　そう、再軍備論者でしたね。

雨宮　今のクロスの問題なんですが、大まかに言うと、外側はポツダム体制とサンフランシスコ体制です。つまり、ポツダム体制は「戦勝国の体制」であり、サンフランシスコ条約は「冷戦体制のアジア版」です。岸は、戦勝国体制からは疎外されますが、冷戦体制にはかなりコミットしていて、その前提で彼は復帰したんです。その意味では、彼は冷戦体制の恩恵をかなり受けたと言えます。彼は、冷戦体制は認めた上で、国内的な福祉政策も実施するという形だから、それを社民というかどうかは…。

河野　微妙ですか。

雨宮　微妙です。僕は戦時体制以来「四つの潮流」という議論をしています。そこでは、先程のように「官僚をどう使うか」ということよりも、官僚、既成政党の勢力、運動家を、政策や思想に基づいて主体を縦割りにして考えた方がいいんじゃないかと思っているんです。そうすると、たとえば大政翼賛会をつくる過程で、「国防国家派」といって、上から国防国家をつくる、工業化を推進する部分が（岸なども含めて）いたでしょう。それから、一九二〇年代の自由体制で利益を得るような「自由主義派」というのがいて、これを支持する層は財界だけでなく官僚の中にもいるわけです。それから「社会国民主義派」という運動を通じて平等化を推進する層（昭和研究会はこれです）がいて、「反動派」は一九二〇年代の労働運動、農民運動、政党の運動などによって既得権を奪われた層や、軍部では皇道派や艦隊派など権力を剝奪された層です。だから、リアクショナルになるんです。それから観念右翼や大部分の地主がそうです。ともかく、その四つが存在していて、それが戦後も持続していくんじゃないかという気がします。

大嶽　その四つとは何と何ですか？

雨宮　まず、「国防国家派」という上から国防国家をつくり、工業化する勢力。岸信介や当時の企画院の官僚、商工官僚たちです。すでに一九二〇年代に陸軍・統制派はそういう問題を考え始めているんだから、僕は必ずしも植民地官僚とは思っていません。このように上から国防国家をつくるというグループが、官僚・既成政党や軍部を縦断して存在していると考えるわけです。二つ目は「自由主義派」です。これは一九二〇年代のシステム、つまりワシントン体制と政党政治、そして自由主義経済などにシンパシーを感じる層で、官僚、既成政党と軍部の中の条約派などがその勢力です。三つ目は「社会国民主義派」で、風見章や農民運動・労働運動をやったり昭和研究会に行ったような層です。これらは下から平等化を進める勢力で、「国防国家派」と「社会国民主義派」は共闘して国防国家をつくるけれども、官僚制を使って上からそれを進めるのと、運動を通じて下からそれを進めるのではかなり違う。岸は、その点でいうと「社会国民主義派」ではない。上からシステムをつくるという「国防国家派」的な流れは、戦後もずっと持続しているのではないかと思います。そこが福祉も重化学工業化もやるわけです。四つ目の「反動派」は、先程も言ったように、労働運動・農民運動や政党の軍縮政策などによって既得権を奪われた層です。その層が官僚、政党、軍部のいずれの中にも存在していて、ある意味では超ナショナリスティックな言説を吐くような面があるけれども、現実的な問題は「反動派」と「自由主義派」が、反総力戦派として対応するわけです。それが反東条連合によって戦争の末期に自由主義派が主流になる。しかも、一方では総力戦体制で社会が変わってしまっている。そういうことを引き受けた形で、たとえば三木武夫などはまさに「社会国民主義派」的な動きをとっていきます。

戦前と決定的に違うのは敗戦で、これは覇権国家ではなくなったということです。覇権国家でなくなった上で四つの潮流の行動様式が持続していると考えると、戦前のように、立派な帝国主義になって対外的に自立的軍備を持つことは戦勝国体制では無理で、これは主観の問題ではない、と説明した方がいいのではないか。とすれば、先程の新日鐵のときなんかも、「国防国家派」「社会国民主義派」と「自由主義派」「反動派」の激しい対立が再現されているわけです。とくに戦前の場合だと、いきなり上から統制されるんじゃなくて、一九三〇年代に民間自主統制が始まります。これは、つまりカルテルをつくれという商工官僚の指導なんです。この辺りの「自由主義派」と「国民国家派」の対抗が、もう一回再現されているんです。人的にみても、木川田辺りも企画院の関係者でしょう。というふうに説明したいんだけれども、そうすると、国家主義と社民の統一という問題も、「疑似」という言葉ではなく、四つの要素のそれぞれの結合の仕方が折々に現れていると考えた方が面白くないでしょうか。

大嶽　戦前の問題は考えたこともないから…。

雨宮　でも、今日名前を聞いた人たちは、ほとんど戦前あるいは総力戦体制の事務局レベルで活躍した人間ばかりです。その経験からは自由ではないのではないか。はっきりしているのは、覇権国ではなくなったということ。したがって、前と同じことはできなくなったんです。

大嶽　ただ、覇権国でなくなっても、植民地国になりたくないというのはあって、岸なんかが国家としての自立性を追求していたのは明確です。だから、吉田もそうだけれど、「日本人はあまりにも依存心が強くなりすぎた。これを何とかしなくちゃいかん」となるわけです。

雨宮　しかし、その範囲は自覚していたわけです。

大嶽　覇権国になれるとは思っていません。

雨宮　決定的なのは、敗戦のもつ意味でしょう。そこはドイツではどうですか。最初から覇権国にはなれないという「断念」が入っていたのですか。

大嶽　覇権国にはなりたくない、というのがありました。

村松　ＮＡＴＯができたときに、外から封じ込めたというのもあるでしょう。

大嶽　自分で自分を封じ込めています。
雨宮　岸なんかも自分で自分を封じ込めているでしょう。
河野　安保条約というのはそういうものではないでしょうか。
村松　その問題は説明できないんだけれど、国民の影響力が圧倒的になった時代と、地主たちをおさえれば何とかできた時代とは、ごっちゃにできないでしょう。
雨宮　一九二〇年代、三〇年代の地域一つみても、既成政党も官僚も人々の動きに戦々恐々としています。
村松　だけれど、地主さえおさえれば何とかなるというのもあるし、戦後の国民ほどの恐れはないでしょう。
雨宮　いえ、全然違います。僕は実証的にやってますから。
河野　雨宮先生の四潮流ですと、社民はどこに入るんですか。
雨宮　僕は社民はいないと思うんです。もちろん、それに類する人たちはいます。でも、「社会国民主義」や「協同主義」の一派という形で括った方がリアリティがあります。
村松　企画院的なものの中にはあったんじゃないの。
雨宮　企画院は「社会国民主義派」と「国防国家派」の拠点だと思います。大嶽さんは、社民という言葉をダーレンドルフの定義で使っているわけでしょう。社民の定義をあれだけ広げれば無意味になってしまうような気もします。
大嶽　僕は社民を定義したわけではなくて、特徴を指摘しただけです。
福永　中曽根や三木を「戦前から…」と言うけれど、そんな大物ではないでしょう。逆に、三木内閣のとき三木がやりたいことはほとんどできなくて、むしろ三木の嫌なことをやった時代でしょう。三木政権時代はアジアのことはほとんどできず、日米同盟の強化でした。
大嶽　坂田道太を使って防衛力大綱をつくらせたのは三木首相です。
福永　七四・七五年のスト権ストも潰されました。イデオロギーよりも権力闘争だったと思うんですが、潰したのは田中と大平です。社民なんかなかったと言われると「それは違うだろう」と言いたくなります。西尾末広にしろ、和田博雄にしろ、河上丈太郎にしろ、基本的にイギリスモデルなんです。ドイツは入っていないんです。彼らの考える社会主義はほとんどイギリスなんです。
　それと先程の防衛や九条の問題がリンクしたときに分かりにくくなっているのかもしれませんが、社民はあると思うし、岸が当時社会党へ入ろうとしたとき、社会党が岸を断ったという面が大きいと思います。社会党は鈴木（茂三郎）派が握っている限り左派です。右派も河上派の場合、社会党の統一と九条しかないんです。構造改革論に河上が思ったのは、「左派でもあんなにうまく言えるのか」というのが感想だったようです。つまり構造改革自体にあまり反対ではないですから。社民を定義ではなく、実態としてどう位置づけていくのかが大切だと思うんです。

村松　社民のイデオローグというと、日本では誰ですか。

福永　戦後のイデオローグは、山川均だって、最初鈴木茂三郎に「来るな」と言われるんです。山川は戦後すぐに籠っていた倉敷から東京に出ようとして、しばらく出てこないでくれと言われる訳です。後はやっぱり向坂逸郎になって、それで向坂と太田薫が喧嘩して別れるわけです。多分ハンガリー事件くらいからイデオローグが分裂していると思うんです。

河野　そうですね。ハンガリー事件のときの社会党の対ソ認識は非常に面白いです。

福永　要するに労農派ですね。労農派グループ自身が分裂するんです。

雨宮　冷戦体制から自立できていないわけです。

河野　雨宮先生のモデルでいうと、中曽根は転向しているんじゃないですか？　国鉄改革で新自由主義になってしまうわけでしょう。でも元は「国防国家派」じゃないんですか？

雨宮　「自由主義派」と「国防国家派」が合体したりするんです。それはそれでいいわけで、別に人間として永遠に変わらないというモデルではありません。

村松　大嶽さんの書いたものを読んだら、中曽根は防衛庁長官になったときに認識を深めるんですね。

大嶽　認識を深めるというか、戦後体制をある程度受け入れて、国民の幸せのために防衛はきちんとしなければいけない、という言い方になります。でも、もう一回転向して、新自由主義になったのは転向だと思います。元々あの人にはあんな発想はありませんでした。

村松　中曽根の転向、もう一回の転向は何によって生じるんですか？

大嶽　中曽根ブレーンから入っているんじゃないんですか。

村松　鈴木（善幸）内閣の行政管理庁長官になって、自分が主人公で第二臨調を設置する頃から始まるんですか？

大嶽　始まるわけです。

雨宮　それを自分の権力基盤にするとことを彼ははっきり自覚していたわけでしょう。

大嶽　そう、これをやれば総理大臣になれると。

雨宮　だから、社会の中の最も有力な部分に受けるだろうと、彼は読み切ったわけです。

大嶽　そこは、「風見鶏」というか流れを読むのは早いんです。

村松　当時の行政管理庁の事務次官が、「大臣、これはいけますよ」と言ったという。その頃から香山健一さん、公文俊平さん、佐藤誠三郎さんなどを呼び集めるんです。

福永　最初は腐っていたんでしょう。行政管理庁で。

大嶽　そう、最初は閑職だって言ってね。

村松　だけど、事務次官が元気づけたことは確かです。

福永　大平研究会の報告書は、鈴木善幸は一切読まなかったんです。それを持っていって読んだのが中曽根なんです。

村松　だけれど、中曽根がそこの雰囲気を感じ取るには、七四、七五年の日本の政治の変化があって、もう違う方向に流れてる、というふうに思ったと思います。僕もまったく同様に思っていて、ついこの間まで考えていて書いてしまったんです。ＯＥＣＤの会議で、世界全体が福祉国家に耐えきれないと言い始めているんです。それぞれ持ち帰るんですが、持ち帰って真面目にやったのがサッチャーです。彼女の「ＮＰＭ（new public management）」は世界に影響を与えました。アメリカでもそういうことを言って、レーガノミクスをやります。その当時の僕の研究領域で言うと政策評価（evaluation）とか、政策はあるけれども予算執行しないということで、政策実施の重要性が示されたりしました。民主党・ジョンソンのプログラムにニクソンがものすごく反対するんです。アメリカでは新しい潮流はニクソンから出てきているような気がする。

そういうのは日本でも感じられて、大平さんなどもブレーンの会議で、支出を縮小していかなければいけないんだけれど、日本では官僚が強くてなかなか自分の所管の支出を削減すると言わないのは困ったものだ、と言っているんです。僕はそこを書き留めてあるんです。録音してあるかもしれない。第一次オイルショックのときに夜間のネオンを止めました。第二次のときは、佐藤誠三郎さん等が「止めるな、日本が暗くなるから」と主張しました。そういうふうに、大平のやることには佐藤さん等のアイデアって結構入っていたんです。大平が支出のことを言い、歳入のことでは、消費税のような形で言うでしょう。そのことについて、有識者とのコミュニケーションがあったという印象を持っています。税金問題は誰と話したのか知りませんけれど。次の政権を狙う人たちの間では、そういう新しい潮流を感じとっていたと思います。

雨宮　それはその通りだと思いますが、それは個人がどう変わったかということではなくて、流れが客観性があって、その流れをどの政治家が、どの官僚が、どの集団が背負うかと僕は考えるので、転向なんていくらでもあり得るだろうと思っているのです。

大嶽　個人の名前を出すのは代表として言っているだけです。人物評を言っているわけではなくて、やはり流れは流れだと思います。

村松　思潮です。

雨宮　ただ一方、先程の社民の問題に戻りますけれど、僕は「大きな政府」で福祉を保証する、というのが社民の基本的な性格の一つだと思っています。日本の場合だと、社会党や共産党も含めて戦後早くはいつも「大衆課税反対」という形で、「小さい政府」になっています。「大きな政府」と言えないのは社民とは言わないと僕は言うんです。そして、その「大きな政府」で福祉をやっているのは、僕の言う「国防国家派」と「社会国民主義派」です。良いか悪いかではなくて。そのことをきちんと見ておいた方がリアリティがあるんじゃないか、というのが僕の議論です。「社会国民主義」とか「国防国家」という言葉は、言葉としては普遍性がないのかもしれませんが、僕は社民と自由主義という、ボヤっとした言葉よりは、議論をするときにはいいのではないかと思うんです。

大嶽　ボヤっとしていませんよ。

雨宮　いや、だって社民というときは、「大きな政府」で大衆課税も累進課税も含めて福祉を確保するというのが決定的ではありませんか?

大嶽　それと完全雇用です。

雨宮　完全雇用でもいいんです。ただ、僕は西尾とか、農民運動の平野力三とか戦前からずっと見ていますけれど、自由主義派だと思うんです。大きな政府ではなくて、労働力を自由に売買することを認めろということです。だから、西尾も平野も総力戦体制に対してずっと反対するわけです。なぜ反対するかというと、自由な労働力の売買ができないからです。突きつめれば、社民というよりは自由主義派の労働運動のリーダーたちだと僕は思っているんです。そうすると、岸とは絶対に合わないと思います。岸は、福祉も含めてもっと統制した方がいいという考えですから。

村松　戦後の社民と言えるのは、岸だけってことですか？聞いていると、他にいないじゃない。

雨宮　いや、社民というと当らないと言っているわけです。

河野　完全雇用をはっきり出すのは、鳩山内閣の頃の経済計画です（「経済自立と完全雇用達成のための長期経済計画」、一九五五）。

大嶽　石橋はちょっと違いますし、鳩山、岸には僕は「疑似」をつけたいんですけれど。

村松　鳩山と、岸の課税政策はどうなんですか？

大嶽　減税しています。

村松　経済成長推進ですね。

雨宮　そこは難しいと思います。国家が福祉をやる場合、国家が資金を出してやるのは共通していますが、イギリスの労働党などは増税してやります。戦後内閣はそういうことは全然やらないんです。

大嶽　でも、増税しなくたって保険のシステムでやれば増税する必要はありません。

福永　言い出した頃は増税する必要はありませんでした。

河野　そう、どんどん税収が伸びていましたから。

雨宮　高度成長でどんどん税収は伸びて、増税は必要なかったわけです。だけど、低成長になったときに、誰が負担するかという問題について、それを言う主体が本来の社会民主主義からは出てくるはずなのに、それが出てきません。それを国防国家派と社会国民主義派が責任をもったのは、結構重たいことです。それを説明するには、社民という言葉ではうまくできないのではないかと思います。

河野　中曽根が登場して来たとき、メッセージとしてはっきり市場中心主義、規制改革、規制緩和ということを言って、しかもポピュリズム的に国民に支持されたでしょう。逆に、池田、佐藤、田中と、中曽根が登場する前まではそうではなかったんじゃないんですか。

村松　区別するならそういう区別もありそうです。だけど、僕はそこは気になっています。中曽根に八一年にインタビューしたことあるんです。そうしたら、「一時的にパブリックセクターの改革はせざるを得ないけれども、村松先生、「日はまた昇る」という言葉があります」と、中曽根がこう言うんです。だから、中曽根についてはすっきりとしていないんです。

河野　パブリックセクターというのは具体的に何のことですか？

村松　国鉄のことを考えていたんじゃないかと思います。

河野　官僚というのではなくて。

村松　官僚ではないんじゃないかな。しかし、鈴木内閣のときに公務員給与凍結をやったでしょう。そういうコンテクストもたしかにあったかなあ。

対談は記録として、『Voice』という雑誌にそのまま起こして載せてあります。

福永　そうすると岸はどこに入るんでしょうか？　保守からも岸は違うと言われることがありますし。

大嶽　統制官僚であったことは事実ですけれど、僕のカテゴリーでいえば戦後の疑似社民だと思っているんです。

村松　ジェンダーの話が七五年から入ってくるというのはフレッシュです。

大嶽　政治学者はあんまりジェンダーをやっていませんからね。

河野　厚生省官僚がフェモクラットという位置付けですね。

村松　厚生省の若手の女性が動いたでしょう。

雨宮　フェミニズムよりもうちょっと後のポピュリズムになってくると、大嶽さんの方法的な一貫性みたいな問題が、前との連続でどういうふうにあるのかが分らなくなって。

大嶽　現象として存在する、ということで。

雨宮　『レヴァイアサン』創刊のときに高々と掲げたアグレッシブな話は？

大嶽　趣意書ですね。

雨宮　あの趣意書は方法的には多元主義？　科学ですか？

村松　いや、あれは実証主義を主張している。多元主義とかあのときは言っていません。

大嶽　本格的に勉強しろよ、ということです。要するに、片手間にやるなと。

村松　片手間にやって証拠もなしに言えば、堂々巡りだろうと。だけど、実証的データによって反論も可能になるし、進歩もあるだろうと、趣意書にはそう書いてあるんです。

雨宮　それでその後、合理的選択論とかが『レヴァイアサン』の二期か三期から始まるじゃないですか。

大嶽　主流になってきます。

雨宮　そういうことと、大嶽さんの方法的一貫性みたいなことはどういうふうに関わってくるんですか、絡む、絡まないとか、違う、違わないとか。

大嶽　だいたい、あの辺りになってくると分らなくなってくるんです。読んでも意味が分らない。

雨宮 分らなくなるというのは、わざと言っているんですか?

村松 読んでも、何が得られたものか、何が証明されているのか、本当に分らないものがありますが、こういう方向性は予想していました。

大嶽 ディシプリンの先端に行っちゃうと、よその人には分かりません。それをやっているグループで、閉鎖的な議論がどんどん進行しているという感じです。

雨宮 それは、「実証主義」のツケですよ。

大嶽 あれを実証のプロセスにあてはめて議論するから、それはその一つの形態なんでしょうかね。まったくのモデルをつくっているだけじゃないから、日本政治にリファーしながらやっていますから。でも分らない、本当に。変な数式が出てきたりしてさ。

雨宮 だけれど、それはポピュリズムとか、婦人運動とか婦人政策みたいなことでの実証の有効性とか、その方法みたいなことではどこか絡むのですか? 大嶽さんの場合だと、方法は依然として多元主義でそれをやっているんだ、という自覚なんですか?

大嶽 多元主義というか、要するにインタビューしたり、資料集めを片手間でやるんじゃなくて、本格的に力を入れてやりましょうという最初の宣言です。それはそうだと思う。

村松 それは基本的なところでしょう。趣意書を書く前に、二度くらいは非公式に猪口さんの家で飯食ったりしながら話をしています。一番重要だったのは、実証をしろということです。主張して、実証をしろと。そうすれば、反論できるということだったと思います。

大嶽 基本的にそれまでの政治学者に日本政治の専門家はいなくて、歴史家だったり思想史家だったりが、マスコミに尋ねられて感想を言う、そういう感じだったんです。

村松 先程の社民ですけれど、政党で言うと民社党が近いとさっき言っておられました?

大嶽 最終的に社民連です。江田三郎です。すぐつぶれちゃったけれど。

福永 民社党は、結局大企業労組だから、違ってくるでしょう。内部でほとんど社会福祉ができてしまう企業が多かった。企業内福祉は一体いつ頃から始まったのか、なかなか調べられないんですが、よく言われるのが、カネボウとかグンゼです。一九二一年の三菱川崎争議、あの神戸の大争議のとき以降、三菱川崎は企業内福祉をやり始めたと、前から言われています。労働運動は中小企業しか編成できなかった、入り込めなかったということを、無産政党系の人に聞いたことがあります。で、三菱とか川崎に関与しているのが、賀川豊彦だったり、河上丈太郎だったり、あの世代だと。

村松　僕は学者がどういう役割を果たしたか、何を言ったか、というのに少し関心があって昔の人のものを読んでいるんですが、蠟山政道さんとか猪木正道さんは西尾末広と仲がよかったでしょう。あれはどういうつながりだったんでしょう？

福永　関嘉彦さんが民社連をつくるときにかなりコミットしているんです。

村松　綱領とか、細部をつめるときに協力しているわけ？

福永　関さんは協力しているでしょう。関の日記があって、それをいま、京大の誰かがやっていると聞いています。

村松　京都大学にも民主社会主義研究会という組織があったんです。猪木さんが顧問で、矢野暢さんとか、何人かつながってやっているんです。高坂さんはどう関係していたか知りませんが、西尾末広インタビューをやりたいと言っていたことがあるんです。僕はそのときはピンときませんでした。

福永　僕は後から知ったんですが、猪木さんは民社研にずいぶん深い関わりがあったと聞いています。

大嶽　猪木さんは自分は社民と言っているんです。

河野　矢部貞治さんもそうです。

村松　「矢部日記」の「銀杏の巻」の終わりの方に書いてありますか？

河野　「銀杏の巻」ではなくて「紅葉の巻」に当時のことが出ていますが、ここには綱領などの文書はないです。

雨宮　矢部さんは大政翼賛会をつくるときも綱領の原案をつくっています。だから、そっくり同じことをやっています。でも、岡義武先生も「わしは社民だから」とはっきり言っていました。一九一〇年代二〇年代にヨーロッパのドイツあたりに留学した人は、社会民主主義者になって帰ってきているわけでしょう。一般論でしか言えませんが。

村松　何年ぐらいに留学しているんですか？

雨宮　第一次大戦の終わった後じゃないですかね。

大嶽　一九二〇年代だから。

村松　ワイマール憲法をつくる全盛期ですからね。

河野　戦前の協同主義は、オーストリア、ドイツの影響があります。それで戦後、三木武夫たちが国民協同党をつくりますが、あの「協同」というのもそういうイメージなんでしょうか？
雨宮　そうだと思います。
河野　それが消えてしまって、その後、国民民主党になり、さらに改進党になりますね。
雨宮　なっちゃうけれども、それがずっと残って、新自由主義と協同主義の軸があるんじゃないかと言った方が日本の現実に合うと思います。あまり主張しませんが。
福永　後から入っているから、三木の協同主義はよく分らないんです。
河野　確かに三木は協同主義の看板だけもらったんだけれど、元々の日本協同党とは切れているんです。
福永　早川崇さんなんかは三木とよく喧嘩して別れますから。早川は出たり入ったりするでしょう。協同党もいっぺん出ていますし、早川にしたら三木でなくて、おれの方が本筋ということだと思います。
村松　六〇年安保のときに、三木は反対しているんじゃないですか？
大嶽　三人辞めたとき、閣僚を辞めているんです。
村松　三木は本当に反対で、反対票を投じたんですか？
福永　欠席じゃないかな。園田直とかが反対票を投じているんです。
村松　ともかく、主流から三木が不信感を買うのはあのときからなんです。それまではずっと一緒に行けるかなと思っていたら、あれでまたもう一回離れるんです。
福永　当時の新聞記者も、三木は反翼賛を売り物にして出てきたけれど、半分翼賛だったことはどこかで伝えたい、と言っているんです。
河野　三木は戦後追放になるかどうかかなり微妙だったところがあります。あのとき、国民協同党が社会党と連立を組むという流れで、ＧＨＱが三木を追放できなかった、というのが実態ですね。
福永　芦田均もできなかった。
河野　そうです。
福永　宮澤喜一が憲法改正・海外派兵に消極的で、公的資金、平和主義というと何ですけれど、そういう社会党の護憲を含めて、という感じで、伝統派なんですかね。
大嶽　ええ、まあ憲法改正反対ということでは。
福永　でも、それは伝統ではないですね。
大嶽　確かに伝統ではないんですけれども、政策を見ていると、改革をやろうとはしなかったんじゃないですかね。
荒木田　改革というのは、新自由主義改革という意味ですか？

大嶽　ええ。新自由主義的な改革ということです。

雨宮　この場合の伝統ってなんですか、戦後体制ですか？

大嶽　いやいや、近代対伝統の伝統です。守旧派のことです。

村松　解説をしていただくとそうかな、と思いますが、全部同じじゃないかとも思います。

大嶽　何が全部同じですか？

村松　近代主義も伝統主義もです。

大嶽　くっついているんじゃないかってことですか？

雨宮　本人の中でもくっついているんじゃないですか。

村松　だけどまあ適正サイズかな。

大嶽　でも、少しずつ改革を導入せざるを得ないというわけです。

荒木田　右に寄っている。

村松　ああ、なるほど。

大嶽　それは、世界からのプレッシャーというか、グローバル化というか。

村松　たしかに改革派だなあ。

雨宮　そこはちょっと聞きたいんですけれど、いつ頃がシステムの出発点というか、七五年ぐらいに動揺するシステムというのはいつできているんですか？　七四、七五年に変わったというでしょう。そうすると、変わる前のシステムというのは、いつできたと考えているわけですか？

大嶽　通常五五年体制といわれるものでしょう。

雨宮　じゃあ五五年でいいわけですか？

大嶽　はい、そこが戦後の出発点と考えています。

雨宮　それはまさに戦後体制だ。

村松　一九五〇年という区切り方はないんですか？　五〇年で独立の準備が始まるでしょう。占領軍が出ていくっていうことで、五〇年ぐらいから逆コース改革を準備しています。

雨宮　そういうものの決着がついて、全部そろうのが五五年と考えて、それがシステムと考えた方が僕はいいと思います。

大嶽　一九四五年から五五年まではいろいろな試行錯誤があって、それが一定の定着を見せたのが五五年です。五〇年から五五年までは、一種の反動を試みて失敗する。

雨宮　彼の言う自由主義反動期です。

村松　公職追放組も戻ってくるし、いろんなことがあります。

雨宮　アジアとの関係があるでしょう。最近勉強してすごく面白いんだけれど、たとえば五五年のバンドン会議に日本は乗っていくわけです。鳩山内閣のあの乗り方がものすごいんです。アメリカの意思とは違って、かつアジアにも進出しなければならない、対米自立もある程度したいという乗り方です。

村松　鳩山はそうです。ずっと対米依存で嫌だって言っています。

雨宮　周恩来と対米自立で一致して。あのときのアジアへの入り方は、僕はすごく面白いと思う。そんなことを大嶽さんの安保、防衛政策の議論で言うと、どういうふうに評価するんですか？

大嶽　一時的な逸脱じゃないんですか、あれは。

雨宮　そうですか。バンドン会議は普通、左派や進歩派は非同盟中立で素晴らしいというけれど、そう簡単ではなくて、鳩山も含めて、ある意味では東南アジアに市場をつくるというか、日本の対外的な高度成長の一つの基盤をつくるわけでしょう。僕としてはそれも五五年体制の一環に入れて、それでは七五年にこういうことはどうなったか、ということも聞きたいわけです。

大嶽　東南アジアにベトナム戦争を契機として日本が進出するのは六〇年代でしょう。それまではないんじゃないですか。

河野　実際には五〇年代の吉田は、東南アジアは日本にとってそんなによいマーケットじゃないという考えです。

雨宮　だから、吉田はバンドン会議に乗ることはできなかったんです。鳩山だから乗れたんです。

大嶽　それはそうです。

雨宮　そのことが、その後のインドネシアとの関係も含めて実は意図的だったのではないかと思いたいんだけれども、エピソードにすぎませんか。

福永　でも結局、高碕達之助さんしか出せなかったんです。だから恐る恐るというところもあるんです。

雨宮　でも、吉田は非常に否定的なわけなので、問題にもしてなかったわけだから。そこは面白いと思います。

大嶽　うん。それはそうだ。

河野　吉田が対米協調だったからではないでしょうか。ただし、日本外交における対米協調が当時、本当に盤石であったかというと、アメリカから見ると対中接近する日本に対する懸念があり、そうではなかったと思います。日米間には相当に軋みがありますね。

雨宮　あります。だけど、それは保守合同の中で二つの派が存在していて、それらが時折出てくるような関係としてみればいいと思います。

河野　西側の一員というのは五五年段階ではリアリティがなくて、六〇年か七五年以降が切実に西側の一員ではないんでしょうか？

大嶽　西側の一員とはっきり言ったのは大平です。

河野　先程の七五年の転換点の話は私にはとてもフレッシュでした。なぜかというと、私は七五年はベトナム統一だと思っていたんです。

大嶽　サイゴン陥落ですね。

河野　七五年は、アジアではむしろ社会主義圏が強くなった時期ではないかと思います。冷戦はこの頃から変わっていませんか？

雨宮　変わっているかどうかは分らないけれども、七五年のいま言った側面や、五五年体制とどう関連するかをちょっと聞きたいんです。

河野　むしろ七五年に極東の一角かもしれないけれども、ベトナムで起きたことは、西側にとっては危機なんです。西側が結束して、資本主義を守らなければいけないという「political overload（政治的な負荷過剰）」は危機なんです。このまま行ったら、市場経済はどうなるか、ということじゃないでしょうか。だから、その頃から西側の一員というのは、すごくリアリティが出てくるのではないでしょうか。

雨宮　なるほど。それがネオリベラリズムの推進力の一つになると。

福永　七六年は協会・反協会闘争の時期だから、社会党は弱くなるんです。

河野　社民連が出てきて、今度は社会党左派が守旧派になるのではないでしょうか？

大嶽　しかし、社民連ってどうしてあんまり伸びなかったんでしょうね？

福永　皆あまりついていきません。票も取れませんし。

河野　このことと関連するのですが、この時期に先進国間協調になったのはなぜか？

村松　サミットは七六年でしたね？

河野　そうです。それで、オイルショックがあって、資源ナショナリズムでしょう。やはり七〇年代は転機なのかもしれません。

福永　さっきから面白いなと思ったのは、田中角栄までは成長政治で六〇年代型なんです。田中は片手間というと怒られるかもしれませんけれど、日中国交回復をやってアジアも変わっちゃうでしょう。

大嶽　あれは片手間じゃないでしょう。

村松　右翼に殺されるかもしれんという気持ちが、田中首相と大平外相にはあったでしょう。

福永　大平は強かった。田中は最後までグズグズやっていたんです。本当にぎりぎりまで。ただ、その割に橋本恕外務省中国課長に早くからレクチャーを受けています。だから、戦略は立てているんですけれど、どれだけ日中関係をやろうと思っていたかは、田中については分かりません。

河野　大平はもっと早くからそう思っていたのでしょうか？

福永　七一年五月頃の手帳で「中国は私を求めておる」と書いていますし、もっと前に「情勢がなれば」と言っています。

雨宮　原史料には当面反論できませんね。

福永　そのときに、大平にすごいブリーフィングをしているのは古井喜実です。大平の把握している向こうの動向は、ほとんど古井経由です。佐々木更三なんてほとんど役に立っていないのです。竹入義勝は押さえで、最後の押さえを竹入メモで確認するんです。大平の手帳を見ていたら、古井と一週間に何回も会っています。

大嶽　古井は、毛沢東と周恩来の確執とか、いまになって明らかになってきているいろんなグジャグジャを分かっていたのかしら？

福永　そこまでは、もうちょっと調べてみないと分かりません。古井と書いているメモが、何箇所かあるんですが。

村松　竹入を立てたのは、パーシャル連合とかそういうこととの関係ではないんですか？

福永　いや、竹入メモを中国に持って行っていますから。竹入メモを、田中に持って行って、これだったらできると。要するに、賠償放棄と日米安保には一切触れないということなど、七項目ぐらいのメモで、竹入はそれを七月の何日かに持って帰って来たんです。それを田中と大平に見せる。それで、田中が全部任せるからということで、そのメモを大平が持って帰る。それでほぼ確信はできたみたいです。その前に佐々木と会っているけれど、佐々木では確信できなかったみたいです。

河野　中国側はなぜ社会党を使わなかったんですか？

福永　小泉首相が北朝鮮に行ったときもそうでした。その前の金丸信のときもそうです。結局、決定できるのは政権党だと向こうはリアルに考えるんでしょう。日中国交回復だって、社会党は迷走しちゃいますから。七五、七六年頃はそっちの方で迷走してしまって、要するに、日米安保は構わないって中国に言われたら、仲間がいなくなっちゃう。そうすると、経済路線では、池田くらいからずっと低姿勢でしょう。社民主義と言う割には人も育ててないし、政策もないし、ということです。

大嶽　中国に日米安保容認論を言われたときは、社会党はショックだったでしょうね。

雨宮　また戦前のことを持ちだすと怒られますが、古井や赤城宗徳の一派は社会国民主義派的な動きを戦前、総力戦体制のときからずっとやっていて同志です。赤城は知ソ連派で、日ソ国交回復のときにかなり活躍するし、古井は日中のときだから、協同主義者たちが外交のところで頑張っているんです。彼らが書いたものを見ると、協同主義的なことを言っています。

福永　古井は内務官僚です。

雨宮　内務官僚の中で協同主義的なことを言っている。僕は読んでいてずっとそう感じていました。昭和研究会の矢部とは同級生ですごく仲がよくて、大体いつも相談していることが矢部日記に出てきます。だから、一派であることは確かであると思います。

福永　もう一つは経営協議会です。経済同友会系と経団連系は、くっついたり離れたりしています。いつ頃からくっついてくるんですか？

大嶽　七〇年代の中頃から、財界の影が薄くなってしまいます。政治的にはどうでもいいようなことになって、くっついたんじゃないですか。

福永　かつての経団連はだいたい重厚長大型です。特にトップの方は。

大嶽　経団連は巨大な組織だから、トップの考え方と下の方の考え方がずいぶん違っています。たとえば、防衛生産委員会などはトップとはまったく独立に動いていますから、経団連派といっても経団連全体を思い浮かべるのは適切ではありません。経団連のトップと日経連は仲が良いという感じの頂点のグループだけです。

福永　同友会は面白いですね。

大嶽　そうですね。

村松　木川田一隆さんもその頃、名声を確立するでしょう。同時並行的に東電の福島第一原発をやっていたんですが。

雨宮　一九五五年に「原子力基本法」ができるんです。五五年はいろんなことが確立しているんです。

大嶽　五五年には日本生産性本部もできています。

雨宮　「原子力委員会設置法」とか、平和利用のシステムが五五年に全部できるんです。だから、五五年体制とはそういうことも含めてなんですけれど、七五年にそれがどう変わって、現在の福島原発問題も入れた場合にどういうふうに位置づけるかが課題です。実証がなければしゃべれないとは言いましたけれども。

大嶽　福島原発は根が深いですよ。

村松　それから一つ。新日鐵合併のときに、一〇〇人の経済学者が宣言出したでしょう。それと、国際政治学者が何か発言していたのを僕はよく読んでいましたが、経済学者がいろんな場面で発言しているのはしっかり読んでこなくて、新日鐵のときだけ目立ったから記憶に残っているんです。バブルの後では、ちょっと調べたけれど、特に発言した節はないんです。

大嶽　経済学者が発言していない？　そんなことはないでしょう。バブルのときにはいろんな人がいろんなこと言っているんじゃありませんか？

村松　でも、対談などはありますが、論文の形での分析は少ないですね。野口悠紀雄さんの本なんか、早くから鋭い議論をしていましたがね。官民のエコノミストによる発言が多いと思います。

大嶽　正確にどうなるかを予言したりはしていませんが、経済学者はしょっちゅうものを言っています。雑誌など経済学者が年中聞かれている部分だから、何か言わされていると思います。後で間違おうと、正しかろうと分かりませんが。

雨宮　政治学者にはどうしたらいいんでしょうか、という話はこないんですか？　経済学者にマスコミが年中聞くじゃないですか。

大嶽　政治学者だって、折に触れてよく聞かれていますよ。選挙の前とか後とか。

村松　社会科学者や自然科学者と現実の動きとの関係については、これだけ長いスパンで見ていると、何か言えるかなと思って関心があります。皆、間違ったこと言ってきました、とかね。

大嶽　政治学者はだいたい間違ったことを言います。昔、北朝鮮を礼賛した政治学者もいますし。

村松　政治学者はさておいて、東畑精一、中山伊知郎の時代というのがあるんです。

雨宮　彼らは本当に協同主義です。だから、ちょうどよかったんじゃないですか。上からと下からの経済再建に一番役に立ったのではないでしょうか？

村松　役に立ったでしょう。

雨宮　その後はそんなエネルギーはなくなったようです。

村松　電力業界などは東畑精一さんのために政策科学研究所という研究所をつくるんです。

雨宮　やはり協同主義です。

村松　学者というアクターの話がでると微妙ですね。

雨宮　それは、大嶽さんの多元主義の中に一要素として入っていますか？

大嶽　僕はあまり入れて考えていません。

雨宮　だけれど、原子力政策に関していうと、産官学の複合体になっているのではありませんか？

大嶽　それはそうだと思います。

村松　そのことを『ネイチャー』や『サイエンス』という雑誌が、ものすごく批判しています。日本のサイエンスコミュニティはそれを気にして、説明しなければいかんと言っています。

雨宮　僕はそのことを聞きたかったわけです。つまり多元主義ではない？

大嶽　いや、原子力政策という政策領域以外では多元性があるということです。

雨宮　他の政策領域では違うというお話ですね。しかし、原子力政策は一元的でしょう。

大嶽　一元的というか、いわゆる鉄の三角形です。

村松　鉄の三角形的です。金融だってそうじゃないですか。領域が大きくて、影響力が大きい世界です。

雨宮　でも、金融の場合はもうちょっと多元的というか、中小企業の金融もあるだろうし、金を出して学者を雇うこともあるわけです。ところが原子力に関しては、自立的な動きがほとんどありません。

村松　発電・送電も規制していますからね。

雨宮　誰かに罪があるとか、転向するというような話ではなくて、皆が毒まんじゅうを食ってしまうというか、皆が食わされてしまって言論の自由がなくなるのは、構造の問題であって、個人のモラルの問題ではない。そういう不気味な空間ではありませんか？

村松　研究者の世界でいろんな見解を競い合ったか、ということですね。

雨宮　そういうことです。その前提には、原発以外のいろんな発電の仕方が多様に存在していて、それでも儲かるという単位がいくつか存在している中で、毒まんじゅうを食う学者がいてもいい。原子力にはそういう多元性がないんです。皆が直接間接的にたった一つの電力会社のものを食ってしまうという関係は気持ちが悪いじゃないですか。

荒木田　いまさら趣旨の確認みたいな話なんですけれど、先程の多元主義の話は、戦前の話を聞いたときに、たとえば雨宮先生の四潮流も多元主義と呼んでいいと思われますか？　これが一つ。

もう一つは、諸外国ではネオリベラリズムに一気に行くんですけれども、日本では波があって、揺り戻しがあったりしてジグザグに、というお話だったと思うんです。私は海外の事実をよく知らないんですが、向こうでもこういう波みたいなものはあるんじゃないかなと思ったんです。

大嶽　サッチャー首相の時代からニューレイバーに変わり、ニューレイバーからまた今度はブラウン首相に変わり、ということはありますね。

荒木田　それは、日本とは決定的に違うんでしょうか？

大嶽　こんなに何回も繰り返し試みられる、というのではなくて、一〇年単位ぐらいで向こうはやっているという感じがあります。そこが違うんじゃないかなと思うんです。日本は首相の交代が激しいでしょう。外国の場合、サッチャー首相は一一年、コール首相は一六年、レーガン大統領は八年やっています。そういう長さがあるから、日本のように激しくならないんです。そういうものと関連があると思っているんです。それともう一つ、新自由主義が席巻したというのは言い過ぎで、たとえばオランダやスウェーデンは新自由主義になっていないわけです。そうならなかった国もいくつかあるので、全世界が新自由主義になったわけではない、ということは言えると思うんです。

荒木田　体質的に新自由主義的になっていくという点では、日本もイギリスやアメリカに。

大嶽　近いところはあると思います。

村松　僕はこの図（一三七ページ）の解釈に少し異議があります。それは、左と右という見方で見ると公平ではないんです。左に傾く人はみな弱い政権で、右に傾く人は概して強い政権なんです。海部内閣のときは弱い政権かもしれないけれど、小沢一郎がいたから、プラスすればこれは一応強い政権なんです。強い政権はやはり新自由主義に傾いていた、と言えるのではないか。

大嶽　時代の要請みたいなものがあって、新自由主義的な改革を皆やらなければならないと思っているんですが、鈴木内閣はそんなことはないだろうけれど、強いからできた、強いから取り組めた、というのはあるのかもしれません。

村松　大嶽さんの図で見ると、左の列の人と右の列の人では力の差があります。

大嶽　どうなんでしょう。森首相は、勢力としては強かったんじゃないでしょうか。本人に政策の方向性がないですが。

荒木田さん、最初の質問はなんでしたっけ？

荒木田　最初に言われた多元主義の話で、多元主義は問題意識としては戦前まで引き延ばすことはできないのか、という趣旨なんです。

大嶽　エリートの多元性という点でいえば、僕は戦前のことはあまりよく知らないけれど、軍部なり財界なりそれぞれ独立のアクターがいたわけだから、エリートの多元性はあったと思います。それから、民衆に対して恐怖感を持っていたと思うし、近衛上奏文なんかが典型ですけれど、下から革命が起こるんじゃないかという恐怖感は持っていたと思います。そんなに安泰だと思っていたわけではなく、一応、対応しなければという気持ちはあったと思います。

荒木田　そのことを多元主義と呼ぶのは、ちょっと違うということですか。

大嶽　戦前の場合は、ちょっと行き過ぎかと思います。

雨宮　軍部が一丸になっているなんていうのはないわけだから、僕は大嶽さんとは違います。

大嶽　それはそうです。

雨宮　大嶽さんのいうエリートの中の多元性の問題を、機構の分担という形でなく議論をすることが多元主義かどうかということだと思います。

大嶽　それはそうです。通産省だって、省の中に何々派というのがあって、省の中で違う考え方があったし、大蔵省の中でも考え方の違いはあったわけだから。機構全体で代表してしまいがちですが、それは単なる略称であって、それぞれのアクターで違いはあったと思います。でも、ある種のまとまりはあったと思います。

荒木田　雨宮先生は、四つの潮流を多元主義と呼ぶのは、どうお考えですか？

雨宮　一向に構いません。全然一元的じゃないんですから。実はもっと多様な勢力が複雑に存在していて、それぞれが…。

大嶽　でも、そんなこと言うと、全ての政治体制は多元主義になってしまいます。

村松　僕もそこに不満があるんです。

雨宮　なるほど。アカウンタビリティーの問題があるかないかってことですね。そこは分かります。戦時中にはアカウンタビリティーを迫られたと思います。説明を求められていて、社会国民主義派なんかが不断にそれをやっているという感じがします。

村松　あるときに、責任のある人が非常に敏感になるのは分かりますけれど。いまと言うか戦後は、だんだん空気のようになってくるわけで、基本的に一つの方向性で責任と影響力が決まってきます。戦後ははっきり方向がありました。

雨宮　いや、僕は総力戦体制がアカウンタビリティーをする方向に促進させたと思っています。完璧にアカウンタビリティーがされたとは全然思いませんが、アカウンタビリティーの条件がその過程でつくられていると思います。

村松　だけれど、最終的なアカウンタビリティーが知れたところで、天皇主権の下に宮中勢力が争っているとかそんな感じでしょう。

雨宮　違いますが、まあいいです。

大嶽　そのアカウンタビリティーというのも、非常に好戦的な世論を新聞が煽り立てて、それが政府に対してプレッシャーになる。これをアカウンタビリティーと呼ぶかどうかは微妙で、僕はそういうシステムを民主主義と呼ぶのは問題があるという気がするんです。

村松　大嶽さんの書いているポピュリズムというのは、民主主義の想定していない、想定外のものですか？

雨宮　ポピュリズムは多元主義ではありません。アカウンタビリティーをちゃんとやっていません。

大嶽　いや、今の日本のポピュリズムはアカウンタビリティーがあると思います。

村松　本格的にポピュリズムが生じているときの政治体制とは違います。

大嶽　ラテンアメリカのポピュリズムなんていう制度的なものとは日本のポピュリズムは違っていて一時的な現象です。

村松　アメリカでは一九世紀の終わりから二〇世紀初めの農民運動的なポピュリズムがあったでしょう。ああいうのでもありませんね。

大嶽　ああいう運動型のものではありません。

村松　メディアがあって、選挙があって、その時々に動かされやすいと。人の意見に乗りやすいとか、そういうポピュリズムですね。

大嶽　基本的にはそういう程度の一時的なものです。

雨宮　別の質問ですが、吉田茂は重化学工業は考えなくて、軽工業の通商国家だというのは実証できますか？

大嶽　いろんなところで自分で言っています。日本に自動車なんかできるはずがないって。

雨宮　それはちょっと恐ろしい。一八世紀のイギリスみたいな話です。

河野　戦後初期は、重工業化ができるかどうかは微妙でした。西ドイツと同じように制限されるだろうと思っていたこともあるし、軽工業、繊維工業という戦前型産業を回復して輸出を振興するという考えそのものはあったんです。

雨宮　しかし、傾斜生産方式です。

河野　それは一九四六年の第一次吉田内閣で傾斜生産方式が始まった、という話ですね。それはまた別の流れです。

雨宮　別の流れなんだけれども、吉田はそれもかなり重用するじゃないですか。あのときの傾斜生産方式は、軽工業のためのエネルギー傾斜生産じゃないでしょう。

河野　有沢さん初め、第一次吉田内閣のブレーン達は重工業化路線を推進しようとしました。これが、石炭・鉄鋼増産計画でした。しかし、一九四七年元旦に吉田首相が「不逞の輩」発言をして、ブレーン達との間で亀裂が入ってくるわけです。

雨宮　その亀裂とは、「元々おれはそこまで考えていなかった」ということだったのでしょうか？

河野　私が史料を読んだ印象では、吉田が経済安定本部なり、有沢広巳たちを重用するのは、占領政策に協力しているという、偽装ではないけれども、そういう意味合いがあったと思います。一万田尚登と吉田にとって、本音で重工業というのはその限りと思います。

雨宮　分かるけれど、経済安定本部は戦時体制以来の重化学工業路線です。

河野　だけれど通産省をつくるとき、吉田は経済安定本部、旧商工省的人材は入れないという形で作ったんです。その意味で、吉田さんが論旨一貫しているとはあまり思わないけれども、重工業化を推し進める経済安定本部の官僚とは、違っていたんじゃないですか。

雨宮　僕はそっちの方をずっと見ていたから、重化学工業がダメだと思っていたとは、信じられません。

荒木田　ダメだと思っていたかどうかは分らないですけれど、朝鮮戦争のときに特需で儲けます。あのときに、ガチャマン（ガチャンと機械を動かせば一万円もうかるというようなたとえ）とか言っているのは軽工業ですから、工業化というときのイメージが五〇年前後だと軽工業だと思うんです。ただあの時期、小松製作所などの重工業の会社で、明日は倒産かという会社も救われて、重工業も伸びてはいると思うんですが。

大嶽　実質的には、特需の中にもトラックとか銃弾とかも入っているから、実質的には重工業が伸びてくるけれど、吉田が意図的にそれをしたわけではないと思います。

村松　通産官僚は資金調達をどういうふうに考えていたのですか？

大嶽　アメリカからの援助（ＭＳＡ）にかなり期待していたことは事実です。

村松　そうでしょう。アメリカの援助とかＩＭＦを考えていたわけです。そうなると、僕は戦前の、というのとは違うんじゃないかと思います。

雨宮　いや、僕は戦前じゃなくてもいいんですよ。ただ、外資導入による重化学工業化と傾斜生産方式というのはあるでしょう。

大嶽　ある時期にあったということですか？

福永　傾斜生産方式と外資導入は順番が逆です。

雨宮　もちろんそう。もっと後なんですけれど。

福永　外資導入が問題になってくると、傾斜生産方式の推進力が潰されてゆきます。

河野　吉田の政治的意図として、外資を導入することの一つの目的は、傾斜生産方式に固執している経済安定本部の官僚をつぶすことです。

雨宮　外資導入でどんな工業をつくるかというと、軽工業をつくるということなのか、と言っているんです。

大嶽　吉田についてはそうです。

雨宮　そうなんですか。

村松　それと道路などのインフラをつくるということじゃないですか。

河野　発電インフラもはいるんですが、その発電で何をつくるかというと繊維です。つまり、第一次吉田内閣では、アメリカから重油などの援助物資が入ります。しかし、これは本格的な外資導入ではない、と思います。第二次から第三次吉田内閣以降、本格的な外資導入になり、世銀などの外資が入ってきます。

大嶽　高速道路は基本的には岸のときですね。

河野　あれも世界銀行の借款でした。

雨宮　いやいや、納得はしないけれど分かりました。

福永　そろそろ時間なので、最後に何かあれば。はい、今日はどうもありがとうございました。

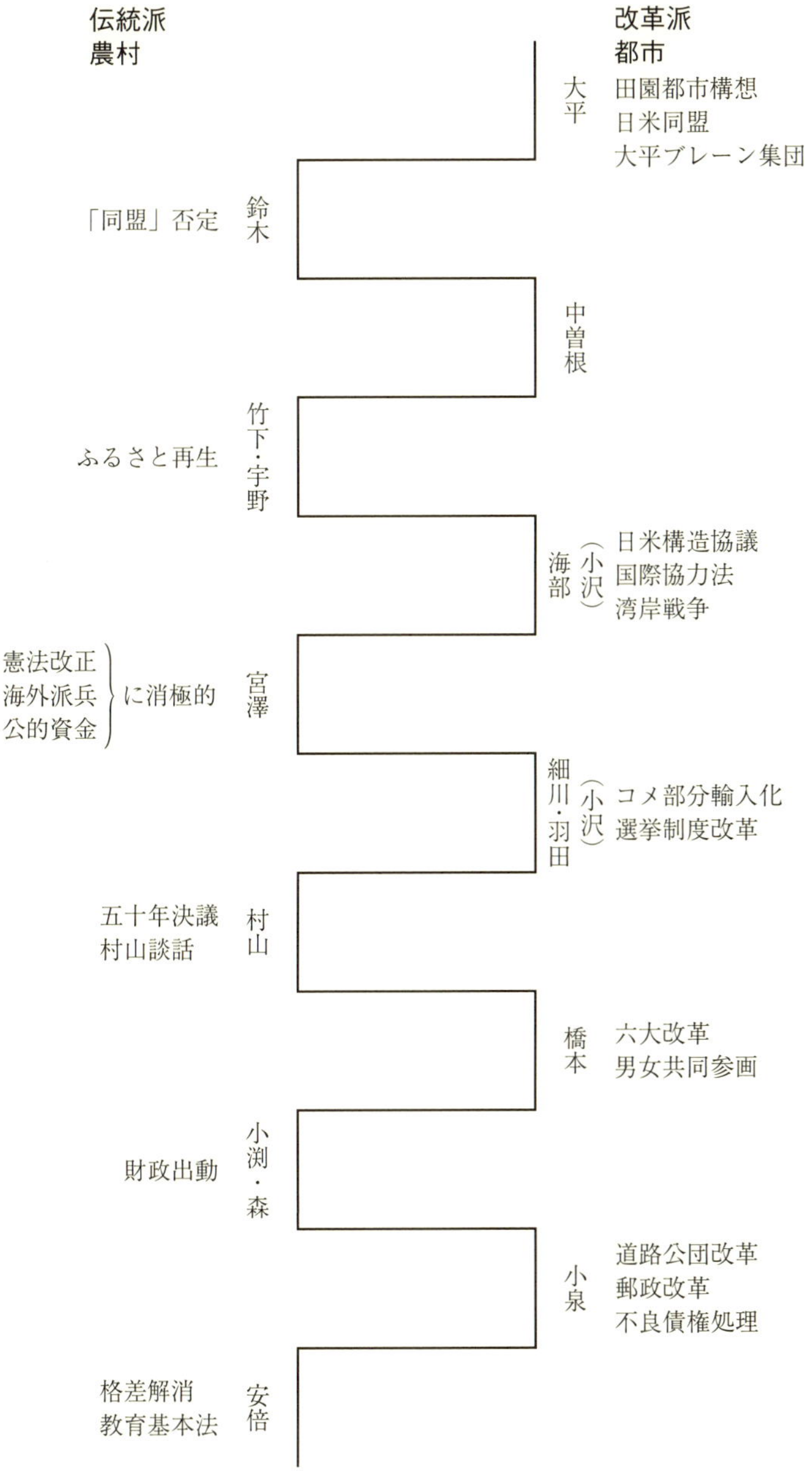

大平内閣から安倍内閣（第一次）までの政権の揺らぎ

戦前と戦後―政治と官僚制の視座

牧原　出

戦後は「終わる」のか？

自分のことを申し上げるのはやや気恥ずかしいのですが、私自身研究室に入るまでは政治学も行政学も深く勉強しておりませんで、何をやっていたかといいますと、もっぱら社会学と法制史の講義やゼミをとって研究論文や学術書を読んでおりました。社会学で言えばニクラス・ルーマンをそのときに丁寧に読みました。研究室に入ってからも、人類学の本をいろいろと読んでいました。特に、クリフォード・ギアツの本、とりわけ『ヌガラ―一九世紀バリの劇場国家』（翻訳は小泉潤二、みすず書房、一九九〇）には深く影響を受けました。あれは「劇場国家」という概念を唱えたために、政治学における国家論の復権についてのレヴュー論文に引用されるなど、政治学でも注目されていましたが、私が着目したのは、あの世界に表れるある種の二重の構造でした。一方にはある種の振る舞いが定型化されたお芝居のような宮廷の世界が繰り広げられていると彼は言います。けれども、他方で「灌漑の政治」という章があって、舞台となっているバリ島は米作ですので、その水路をめぐって、水争いが起こるわけです。彼は別の論文集のなかで、この灌漑の構造を丁寧に調査した結果を発表していますが、日本の農業土木や法社会学が戦後の調査で発見した様々な「水争い」の状況と類比可能な事例があるように思いました。

それらを読んでいるうちに、戦前・戦後どころか中世から近代まで、少しずつ社会的分化が起こっているという議論に馴染んでおりました。そこで、東大法学部の助手論文という最初に書いた学術論文で水利権の問題を扱いました。直接的には資料面で御厨貴さんの先行研究があり、そこから資料収集をスタートしたというのもありますが、より学説史的に言えば、農業水利を扱うことで、前近代・近代から現代にわたる大きな社会構造の変化を見てとれるのではないかと考えていました。

また、私が研究室に入ったのは一九九〇年でしたが、その前の夏に「就職戦線異常なし」という映画が封切られ、バブルの頂点のような時代であり、就職も売り手市場がきわまれりという感じであり、友人たちも役所に行くなら大蔵省という感じだったように記憶しています。当時は「われは富士、ほかは並びの山」と大蔵官僚たちが言っていました。ちょうど竹下登内閣でしたが、竹下内閣時代と大蔵省支配というものとは距離を置いてみたい、というのがありました。

ですから大蔵省、竹下、自民党をどう見るか、という問題に興味持ちつつも、さしあたってはこれとどう距離を置いて研究の視角を設定するかということを、まずは考えなければいけないと思いました。自民党の問題は戦後固有の問題とつながっていく、ここからも距離を置いたわけです。

そういった考えから、最初の論文では水利の問題を扱い、建設省と農水省との調整のメカニズムを解明する研究を進め、それによって省庁間調整ひいては「総合調整」や政治指導による政策決定の可能性と限界を分析しようとしました。

一九九三年にその論文を提出しました。情報公開が今と比べて進んでいない九二年、九三年に、役所のなかの調整過程を分析するのは至難の業で、資料がたまたま出てきた部分があり、また当時建設省に攻め込まれていた農水省サイドから比較的情報が集まりまして、いくらかは解明できたという手応えは感じていました。しかし、どう考えても、それは氷山の一角にすぎないという自覚もありました。やはりとにかく資料がなければ書けないが、資料はどこにあるのか。そうした行政資料に対する嗅覚を磨こうと考え始めました。

そのようなときに『戦後財政史口述資料』という資料集を、たまたま東大の社会科学研究所の図書室に入っていったら見つけました。これは占領期の『昭和財政史』に引用されている大蔵官僚の政策回顧録であり、一つ一つ読んでいると、大蔵官僚の発想や行動様式がはっきりと伝わってくるものでした。当時、別の研究会で、ある経済学の先生とご一緒しており、ちょうどその方が占領終結後の『昭和財政史』の基礎となる同様の口述資料をお持ちでしたので、お願いして見せてもらいました。この社研の『戦後財政史口述資料』の話をしたら、「実は僕もっているんだよ」と言われて見せてもらったのです。そのときの条件はとにかく論文に引用してはいけないということでした。ある先生が占領期の『昭和財政史』を書くときに大蔵省から全部コピーをして、絶対に門外不出と言われたにもかかわらず社研の図書室に入れてしまったため、大蔵省との関係がかなり悪化したというのです。それはそうだと私も思いました。ちなみに私は、国有財産行政の口述資料を古本屋のリストでみつけて手に入れたんです。それも明らかに、昭和財政史のための口述記録なのですが、表紙に鉛筆である先生の名字が書いてありまして、たぶん高名な経済史の先生が古本屋に売ったに違いない、と思ったものです。出るところには出ていたのでしょう。

大蔵省については、山口二郎さんの『大蔵官僚支配の終焉』（岩波書店、一九八七）や、真渕勝さんの『大蔵省統制の政治経済学』（中公叢書、一九九四）がありました。両者ともに重要な先行研究として、いろいろヒントを得ましたが、彼らの大蔵省像はどうみても、一九五〇年代がすっぽり抜けている感がありました。つまり、安本（経済安定本部）が非常に強かった片山内閣の後、大蔵省が復権して、吉田内閣時代にドッジが来て、ドッジ・ラインとともに強力な予算統制を大蔵省が行います。あとは一貫して主計局が強いという説明です。資料を読んでみて、それは明らかに違うと思ったものですから、それでは一九五〇年代を研究しようと決めました。その後、最高裁判所の政治史を研究していますが、ここにも一九五〇年代という時代を別の観点からみてみたいという動機があります。

それからもう一つは、天川晃先生とご一緒に放送大学の収録で山口県の田布施町郷土館に行ったときに見つけた「岸信介日記」です。これをみているうちに六〇年代から七〇年代ぐらいまでの自民党のあり方は、いわば長老政治の形成として見えてくる、と気づきました。最近『レヴァイアサン』にこれについての論文を書かせていただきました（牧原出、『権力移行』、NHK出版、二〇一三年に改訂収録）。岸が自民党の最高顧問になるプロセスを追跡して、いわゆる派閥政治とか総裁選とは違った自民党の持続する統治というのが見えてきたように感じました。

三つ目に、二〇〇〇年代に入って、やや政治批評的な同時代的観察をやっています。その前段として、二〇〇〇年から二〇〇二年にイギリスに留学したとき、二つ見てみようと思いました。一つはソーシャル・デモクラシーです。ちょうどトニー・ブレアの労働党政権時代でした。ブレア内閣が社会民主主義かというと、評価はいろいろあるとは思いますが。自民党政権の続いていた日本では生活感覚で分からない社民を感得してみようと思って、新聞・雑誌を読み、またブレア内閣の地方自治体改革を研究したりしました。それともう一つは政権交代で何が起こるか、じっくりメディアの報道とともに観察しました。当時のイギリスでは政権交代のときに、いかにシヴィル・サービスが新しいガバニング・パーティーに適応していくか、というような研究書が出始め、割と社会的にも関心をもたれていました。九七年に政権交代があったばかりで、留学中の二〇〇一年に総選挙があって、労働党が再度地滑り的勝利を収めたときでした。政権交代は日本の自民党長期政権下の生活感覚だけでは本当に分からないと感じました。だが、いずれ日本でも起こるに違いないと考えつつ、日本に戻ったのは小泉政権の途中ぐらいですが、政治をウォッチし、求められれば時評を寄稿していました。二〇〇九年に本当に政権交代が起こってしまい、また近いうちに起こりそうです。ということで、政権交代とそれに伴う政府の変容が、もう一つその後の私自身の仕事になっています。こういうふうに五〇年代の官僚制、六〇年代以降の自民党、二一世紀に入っての政権交代の時代、そういうものを見ているうちに、確かに「戦後とは何か」をそれなりに考えさせられています。

実は一九五〇年代の大蔵省について、最初に所属していた東北大学法学部の紀要『法学』に掲載した論文の抜刷を、ある経済史の先生にお送りしたんですが、「もう戦前・戦後を連続とか断絶なんていう問題設定はやめるべきだ」というお返事をいただきました。私は必ずしも戦前と戦後の連続・断絶という問題設定にこだわっていたわけではないのですが、やはり占領期研究と、村松岐夫先生の一連のご研究の影響は大きくて、そうした先行研究は無視できないと感じていました。

占領期を民主化の流れで捉える一つの大きな議論があると、少なくとも東大法学部の研究室にいたときには感じていました。それには敬意を払わなければいけないのですが、どう考えても連続している面は確かにある。しかも連続しているというのは、P・セルズニックの官僚制論がそうですが、徐々にその機能の束を変化させていくということです。制度のもつ価値を徐々に変化させて、機能を組み替えていくのが官僚制の外部環境への適用であって、彼のTVA（テネシー川流域開発公社）研究のように、一九四〇年代から五〇年代の官僚制については、アメリカのみならず日本にも同じ方法を適用できると考えていました。しかしやはり大きいのは、日本国憲法の制定で、そのインパクトがかなり大きな変化を生み出しましたので、これを一応前提としながら、しかし官僚制は徐々にしか変化しないという視点で戦後を見てきたということになります。

焼け跡と経済自立

戦後について、私は戦争なしの時代区分はなかなか難しいんじゃないかと思います。経済社会の変化はもう一つの大きな画期的な軸になるのですが、経済社会の変化には終わりがない。徐々に変わっていくのではないでしょうか。

例えば戦後でも、焼け跡と経済自立から豊かさと経済成長、停滞とデフレ、いま見ると大体そのような流れに見えます。これ自体大きな変化なんでしょうが、どこで成長から停滞に転換したかというと、なかなか簡単には割り切れない。バブルが壊れたから転換といっても、いつかと決めるのは難しい。おそらく五〇年代から六〇年代にかけて経済自立から豊かさに変わっていくときも、「どこか」はなかなか言えないと思います。私は研究を進めながら、昭和三三年（一九五八年）がどうも官僚制でも、政策決定でも、自民党のあり方でも、あるいは下村治が成長論に転じるのは一九五八年でしたが、この辺りが一つの画期になっているように思います。ただ、だからといって五八年が、戦後の政治の画期になったとはどう考えても説明はできない。升味準之輔先生の「一九五五年の体制」（『思想』、一九六四年六月）では、一九五五年の「巨大なダム」ができて、これは警職法改正問題と日米安保条約改定問題で二度決壊したがその後決壊は修復されたというのですが、簡単に決壊しても修復するような政治の中で、画期を見つけるのは難しいと思います。

それくらい自民党政治は可変的なものでした。ただこの〈三つの経済社会の大きな変化〉、つまり焼け跡と経済自立、豊かさと経済成長、停滞とデフレ、が重要な質的変容であることは間違いありません。戦後を理解するうえで、これをどう見るかが、いまに至るまで非常に重要です。

しかしこの三つ、占領下の焼け跡で労働運動が高揚したりする時期と、豊かになって皆が大阪万博にいくというのと、デフレで日比谷の年越し村みたいなものがある。これを全部われわれは戦後としていま考えているわけです。とすると、戦後像が時代とともに変わってきているんじゃないかと思います。

結局、豊かであることにしがみついていることが、つい最近まで戦後なのであり、これにしがみつかない時代の意識が共有されると、戦後は終わらざるを得ない。秋葉原に最近研究会で行くんですが、秋葉原を見ると、あの辺りには、豊かさとか成長とは無縁の独自ないわばアニメ的世界というのがあって、終わりがなく、しかしなんかこう調和的であり、しかしいろんなところに紛争の種があるような感もあります。未来の日本の縮図かもしれませんが、そういうようなものに変わってきているという感じがします。

一九五〇年代とは何か?

そういう意味で、少なくとも戦後のなかでは政治のありようが持続しているということを前提としたうえで、私の元々の研究であるところの官僚制支配の問題に帰りますと、これは不連続かというとなかなか難しいんです。マックス・ヴェーバーが官僚制理論で官僚制支配の永続性を主張しました。リーダーは変わるけれど、その下の行政幹部、近代官僚制の支配は永続的だと言ったわけです。彼の議論は、宗教社会学の延長で政治をみていますが、他方で官僚制研究にプロイセンの経済史の成果を取り入れています。プロイセンの重商主義の官僚制を評価しているわけです。もちろん彼が実際に政治批評を展開する『新秩序ドイツの議会と政府―官僚制度と政党組織の政治的批判』（翻訳は中村貞二、山田高生、河出書房新社、一九八八）では、本来あるべき政治指導者というのをある種のカリスマ的リーダーを一つのモデルにして、ドイツの官僚制はリーダーシップを制約するネガティブな要因として捉えています。

こういう議論を考えてみると、官僚制はダイナミックに変化している部分があって、ただその変化自体が官僚制ですから、全部塗り替えるということにはなかなかならず、すこしずつ変化していくということだろうと思います。

確かに日本の戦前と戦後の官僚制はそんなに変わっていないのです。先年政府の公文書の懇談会でフランスの公文書館の調査にいったときに、フランスについて強く感じたのは官僚制の激変でした。フランスでは内務省がドイツの占領で一回崩壊して、内務省の文書を南のヴィシー政府は確保できず、ドイツによるパリ占領時代にかなり廃棄されたらしいのです。さらにドイツ降伏後、占領に協力した官僚たちが追放されていますから、人的にも戦後継続するというわけにはいかないんです。

それに比べたら、日本の官僚制自体は人的にも文書の保存についても、そんなに変わっていないところがあります。にもかかわらず、変わっていったのだとすれば、それは、日本国憲法の制定後、その統治ルールをどう使うかということなのではないか、というのが、私の研究のうえでの実感です。

占領期からすでに変わっているわけですが、占領期の統治ルールはやはりＧＨＱがいますし、ＧＨＱの指示で法案が出され、官僚が法案を元に戻すために政党に議員立法を出させたりしている。占領期に統治のルールがどう変わったのか、個々のケースは分かりますが、全体としては分からないところがありました。行政学者はどうしても官僚制を全体で捉えようとするか、あるいはどこかの省に代表させてしまうのですが、なかなか説明が難しいということがありました。

そこで占領終結後を研究して、占領期研究とその後の政治学研究をつなぐことはできないかと思いました。大蔵省のなかの変化は、真渕さんの本で大蔵省の局長人事表をみると、主計局長について主計局系と非主計局系（すなわち官房調査部系）が交互に局長に就任していることが分かりましたので、それを分析することで変化を解明できると思いました。もっともこれを実証するのはなかなか大変でした。

自民党と官僚制

自民党についても、『自由民主党史』の役職人事名簿を使って、政務調査会の委員長ポストがいつ変わったかを調べてみると、池田内閣期に完全にルーティン化しています。岸内閣まではルーティン化していませんが、岸内閣も一九五八年に大きく動かそうとして、委員長を一斉に変えようとしています。やはり岸は、五八年で「警察官職務執行法改正」も含めていろんなことを準備して、安保改定に備えようとしたんだろうというのが見えてくる。少なくとも占領が終わったから、逆に統治ルールを本格的に考えなければいけないということがあって、そのために自民党が成立したという面があり、官僚制に取り込まれる形で、ものごとを決める政党になっていくという見取り図が描けます。最近改めて政権交代を考え直すために、ルーマンの『社会の政治』(*Die Politik der Gesellschaft*, Suhrkamp Verlag, 2002) という晩年の連作のうち政治を対象とした遺稿を読んでみて感じたのは、彼は政党をとにかく決定のシステムと捉えます。彼のシステムというのは、システムのオペレーションのような考え方で、結局決定によってオペレーションが動いていくと捉えるからなのです。もともと彼の出身は行政官ですから行政学と官僚制を出発点に考える傾向があるのです。通常、議会はイギリスのW・バジョットが典型的ですが、基本的に、決定する機能以上に、行政を監視したり、ある種のイデオロギーを表明する機能が着目されると思うのですが、これとは異なり、自民党は決めるための政党になっていったと思うんです。

そういう動きが顕著になるのが、一九五〇年代、岸内閣期から池田内閣の初期だろうと私自身は認識しています。これも占領が終わってからのほうが、割と見えやすいんです。

ということで『内閣政治と「大蔵省支配」』(中公叢書、二〇〇三) という本を書きました。そのなかでは大蔵省が自民党を決める党、予算を決める党に変えていくという面を強調しました。やはり大蔵省が回している部分があって、「国会法」が一九五五年に改正されますが、それも同じ舞台回しの一環です。つまり、議員立法をあまり大々的にはさせない、議員立法の条件を制約すると同時に、法案提出の議員立法に関しては、党のオーソライズがいるという仕組みを入れようと働きかけたんだと思います。これに乗ったのは、国会官僚的な政治家で、石田博英など、当時、議院運営委員会の理事をやっていた政治家であろう、というところまでは見えてきたと思いました。

ただ、こういう研究をすると難しいのは「逆コース」の時代です。学界では「逆コース」と言わないこと自体がそもそも問題だと言われんばかりなのです。確かに逆コースなんですが、ただ、その逆コースのなかで一体何があったかというと、「警察法」を改正して都道府県警の仕組みを変える過程を見ると、一九五三年には、いまの案よりもっとラディカルな案が自由党から出てきています。それは公安委員会を諮問機関にして、警察の長官も大臣にするという戦前の内務省のような案です。しかしこういう案は国会を通らない。戦前の警察官僚出身議員たちを中心につくったと言われている案ですが、結局通らない。要するに、防衛庁に近いものをつくる法案なのですが、結局、警察組織の現役官僚集団から出てきた改革案は、検察庁と法務省のような仕組みをモデルとして、現行の警察庁と国家公安委員会のような仕組みになりました。公安警察にシフトするよりは、一般の刑事警察にシフトして地域に密着できるような警察機構に変わっていきます。これは、逆コースとまでは言えないもので、警察のなかでは明らかに公安委員会があったほうがいいということが、かなりの程度コンセンサスだったわけです。しかし、そういういろいろな動きがあるとすると、逆コースをまともに扱いたくない。そういうわけで、なるべく経済省庁でみることで、この話を素通りしようと思ったところがあります。

それからもう一つ、一九五〇年代を捉えるときに、ブームのブームというのがあります。鳩山ブームがあり、ミッチー・ブームがありました。ここから、新書ブームとか週刊誌ブームとかが起こってくる。新書ブームのなかで岩波新書でベストセラーが出て、『昭和史』（遠山茂樹、今井清一、藤原彰、一九五五）が注目され、「昭和史論争」が起こる。そのあと嶋中鵬二が『中央公論』でいろんな論争を仕掛けていく。その二番煎じではないにしても、金融の業界誌『金融財政事情』でも論争を企画しようと、当時の編集者が考えて、後藤誉之助と下村治が在庫論争を行い、次に大来佐武郎と下村とが成長力論争を行うという形で、経済企画庁エコノミストと大蔵省エコノミストが論争を展開し、これが所得倍増計画の一つの伏線になっていきます。もちろん逆コース的な動きもあるのですけれども、民主化とは別の意味で、社会のあり方が非常に変わっていくようにみえます。それを資料にして五〇年代を書かないと書きれない。情報は広範囲に拡散していく、というふうに私はこの時代を見ていました。

ですから、もう一度官僚制との関わりで言うと、占領終結後、自民党が一九五五年にできるまでの時代では、吉田ワンマン打倒とか側近政治批判として、石田博英は議院運営委員会を使いました。議運を使い、党と国会を使って内閣を追い詰めていこうとします。そこには、国会という制度が活きているんです。与党が必ずしも多数ではないということもあって、統治機構がまだルールとして固まっていないときに、国会が動いています。その意味で、この時代は非常に面白い。これにたぶんピリオドを打ったのは、さっきの話でいうと五八年で、岸が本格的に安保に向けた国内の体制を敷こうとする辺りです。岸は自民党を完全にグリップしていこうとして、国会ではなく自民党を動かすという方向に変わってきます。もちろん池田もそうです。自民党自体が本格的に動き出すということは、官僚制から見るとある種の小さな断絶が生じると言えると思っています。

自民党「長期」政権の意味

それで、この自民党について以後の時代を見ると、そもそも自民党という組織を歴史的に考える場合には、二つの問いがあるように思います。それは自民党長期政権の始期と終わりに関わる問いです。自民党は一九五五年に結党して以後、二〇〇九年までは一九九三年から九四年にかけての約一年を除いて政権党であったわけです。しかし、一九五五年と二〇〇九年が政権の始点と終点では必ずしもありません。自民党は結果として長期政権であったわけですが、いつから長期政権と思われるようになったかという問いが重要ではないでしょうか。次に自民党長期政権は終わったのか？　民主党政権は自民党長期政権の亜流ではないか。とすれば、今なお自民党政権は形を変えて継続しているのではないか？　その点をどう捉えるのかという問いもまた重要です。この二つが戦後という問題と不可分なのではないでしょうか。

だから自民党とは、その統治のスタイルが曖昧なまま徐々に形を整えて、先程申し上げた官僚制とは別の形で自らを組み替えながら残存している政党です。これが戦後なのではないかということです。自民党政権のなかで大きな画期をみつけようとすると、まずは内閣の交代以外はないわけです。ですから、先程申し上げた岸内閣時代の一九五八年といっても、政治学的にはそのまま通りにくい議論です。なぜそうなるかというと、自民党のなかにポツダム体制打破論という岸や鳩山が唱えた議論があって、改憲がそもそもの自民党の魂であるわけです。この当初は、民主党系の政治信条が自民党発足時の第三次鳩山内閣でそのまま残っていくのですけれども、他方で初期自民党の政務調査会はかなり自由党の政調会の流れを汲んでいます。自由党系の政策構想とミックスしていくということではないでしょうか。

そこで『レヴァイアサン』に掲載した「自民党長期政権の形成」（四八号、二〇一一）では、まず戦後政治論の資料批判を出発点に置きました。まずは高坂正堯さんの『宰相吉田茂』（中公叢書、一九六八）です。高坂さんはどうしてあのような吉田像を提示したのでしょうか？　吉田はイギリス流の紳士では全然ないでしょう。にもかかわらず、なぜあんなに吉田をイギリス流に仕立て上げたのでしょうか？　これが当初『中央公論』に掲載されたときは池田内閣期で、佐藤内閣期にブックフォームに書き直していますが、記述が相当変わっている部分があります。それは当初、高坂さんのインフォーマントであった宮澤喜一を強調する書きぶりになっていることだと私は解釈しています。

池田内閣時代には、宮澤があまり自分を出すことを嫌がったのではないかと想像しています。しかし、佐藤内閣時代に佐藤は宮澤を一本釣りして、経済企画庁長官に据えたり、その前には官房長官に抜擢しようとしていたわけです。

結局、あの『宰相吉田茂』が出版されるころは、まだ旧池田派と佐藤派とはしっくりいっていない。宮澤をこともあろうに佐藤が一本釣りしたのは何事かというのが、当時の新聞報道に表れる論調です。しかしそこには連続している部分がある。では誰がつないだのかというと、存命中は長老としての吉田だったわけですが、実務的な閣僚として池田と佐藤をつないだのは、やはり宮澤なのではないかと見ることができます。佐藤内閣で、楠田實を秘書官に入れたときに、産経新聞の水野成夫に仲介したのは宮澤だと楠田は書いています。その楠田の日記を見ると、ポイントで宮澤が登場しているようにも読めます。そう考えると、なぜ宮澤は『東京―ワシントンの密談』（実業之日本社、一九五六）という本を鳩山内閣時代に書いたのでしょうか。自分の日記まで引用しているあの書きぶりは、ある種、実証主義の身振りまで示しているわけです。そこには宮澤なりの計算があって、吉田内閣時代の池田をさらにその先に保存していくということなのではないでしょうか？　これが歴史叙述の上でも池田内閣につながるわけです。

宮澤は正面から、政府が何もしないことによって高度経済成長が成立したという言い方をしてきました。山手線の運転手としての政府像を言うわけです。しかし、その背後に政治的記憶を保存し、次に継続させようという意図というか自負があるのではないでしょうか？　吉田内閣の良質な批評者であった宮澤を体現する形で高坂さんの『宰相吉田茂』という本があるように思われます。ちょうどその時期に重なる形で升味準之輔さんの「一九五五年の政治体制」が当初は『思想』に公刊され、やがて本（『現代日本の政治体制』、岩波書店、一九六九）になります。雑誌論文と本とを読み比べると、升味さんも最後は白旗を掲げたかのように、自民党政権が長期政権となることを認めていくわけです。一九六〇年代半ばまではいつ倒れるんだ、どこで倒れるんだ、ということを自問しながら、結局佐藤内閣期に入るとこれには答えが出ない、つまり倒れる見込みがないと主張するようになります。こうしてみると、吉田を介して佐藤は池田のある種のもっとも良質なものを引き取っていく。それによって自民党長期政権が構造的に堅固であることが認識されていくわけです。これを始点と見るのはどうかと私は考えています。

ただ問題は、田中角栄です。田中を軸に見ると、自民党政権とは、戦後民主主義を象徴するかのように、一介の土建屋が派閥を組織して政界を仕切る過程のようにも見えるわけです。確かに田中は強力に派閥をつくり上げていくわけですが、田中内閣の政治指導をみると、内閣法制局長官であった吉國一郎へのオーラルヒストリーによれば、相当程度混乱している。田中が本当に首相としていろんな問題を適切にさばいていたかというと、かなり疑問の余地があります。

田中という政治家の持つシンボリックな意味合いをとらえつつ、派閥操縦という意味では、竹下登とどう役割分担していたのか、あるいは竹下がどういうふうに田中の役割を引き取っていったのかというプロセスを解明する必要があると考えています。

自民党「長期」政権は「終わった」か？

最後に、自民党長期政権は終わったのかということですが、これは戦後は終わったかどうかが、震災とともに戦後は終わったのではないかという最近の議論とも絡んでくると思います。ここでまた考えなければいけない要因として、小泉純一郎がいるわけです。私は政権交代のある種のタイミングを拾っていくなかで、九三年はもちろん非常に大きなポイントなんですが、やはり二〇〇一年に小泉内閣が成立する時期は、いわば擬似的な政権交代という自民党政治のなかでの一つの画期であることは間違いないと思います。当時の橋本対小泉という対立や構造改革という小泉の路線もありますし、やはり二〇〇一年の省庁再編で、一通り一九九〇年代の改革の成果がみえてきたわけです加えて、さっきの新書ブームとか、週刊誌ブームでいうと、ちょうど二〇〇一年にe-japan計画がスタートするんです。ここからＩＴ化が本格化して政治に影響を与えていきます。小泉まではテレビの時代ですが、安倍以降はネットが普及し、安倍であれ誰であれ政治家がすべてをさらす時代に入っていきます。民主党政権でも、行政刷新会議はツイッターによって、相当程度議論の内容が共有されていきました。やはりこの部分の変化は無視できません。

そうしたなか二〇〇九年に自民党は野党になりますが、民主党は野田政権になってかなりの程度自民党化している部分があります。野田には少なくとも自民党政権時代の閣僚経験もないし、自民党政権時代に野党の党首経験もありません。これが大きいんだと思います。新しいタイプの首相が、こだわりをもたず、自民党の統治の手法を継承しているといえるのではないでしょうか。

そのように見てくると、戦前、戦後で、いまの段階でどういうことが言えるかというと、私は、日本国憲法は年々機能が強化されて、改憲論がいくら出てもそう変わらない。やはり、一部の憲法学者を除いて、とくに統治機構論を手付かずにしてきたという憲法学の責任が大きいのです。統治機構は実務家の世界になっていて、実務の世界でいったんできた解釈を簡単には変えられないし、変えるといろんなところが破綻して、身動きがとれなくなることが分かってきました。しかも、ねじれ国会自体は日本国憲法がそもそも想定したものだし、民主党は割と憲法に忠実だし、日本国憲法を一つの大きな軸にすると、これはもう戦前と戦後は違うのです。つまり、日本国憲法が年々むしろ強化されていまに至っているということも、経済、社会の変化とともに、戦後を規定していることは間違いありません。

それから、高度経済成長が戦後そのものではないということを改めて思います。自民党と高度経済成長が一緒だった時代は明らかに終わったわけです。すると、高度経済成長前、高度経済成長、高度経済成長後という転換はあるわけです。

自民党は戦後の第一の転換期であった五〇年代に成立し、この九〇年代の第二の転換期に没落したのか？　官僚制もこの二つの転換期に変容を遂げたことは間違いありません。第一の転換期は占領と占領後です。第二の転換期はこの九〇年代改革のなかで起こりました。そういうふうに見ていくということなのかなと。もう戦争なき時代ですので、転換をどう質的に捉えていくかを見ながら、その先を考えていくことが必要なのだろうと思います。しかしどう劇的な変化がこの先また起こるか分かりませんので、状況をよく見ながら、資料の時代にどう戻るかをいま考えているところです。これまで進めてきた最高裁判所の研究は大体五〇年代までを対象としており、六〇年代以降はなかなか分かりません。これはちょっとやり方を変えて、むしろメディアと裁判所の関係をとりいれないと青法協問題などは見えないと思うので、そういう側面を見わたしながら、またまとめようと思っています。

質疑応答

雨宮　いくつかまとめてお聞きします。一つは占領、戦後じゃなくて、戦前、戦時、戦後だと思うんです。僕は戦前、戦時、戦後、脱戦後というふうに整理するんですが、そうすると戦前は大体一九二〇年ぐらいまで、三〇年代から四〇年代ぐらいが戦時体制、四〇年代後半から五五年ぐらいまでが戦後体制、いや、五五年体制、高度成長、日本的経営、日本国憲法の定着と、いろんな意味で五五年あたりから戦後体制が始まるという見方です。それがいま冷戦以降現在、脱戦後体制のプロセスに入っていると見ます。例えばそういうふうに考えると、『憲政の政治学』（坂野潤治、新藤宗幸、小林正弥、東京大学出版会、二〇〇六）を読んだときも、これは基本的には政治体制での官僚制が、とくに企画院などで質的に変わっていくのが戦時体制の変化で、それが戦後の安本の問題にもあって、ただ、戦後になってもう一度戦時体制ぐらいのいろいろな問題が思い出されるというか、そういうふうに問題を考えたほうが面白いのではないか考えるんですが、それについてが、一つの質問です。

それからもう一つ。西尾勝さんが官房組織の問題について、全体の共通項をくくるような独自の官僚制組織論を言っているわけですが、牧原さんの議論だと、これは官僚制の変化に関わるんですが、新しい時代に対応するための官僚制の組み方の問題というふうに官房を考えていて、そこが西尾さんとどう違うのか、クリアにしてもらったほうがよろしいと思います。大蔵省については、山口さんと真渕さんとどう違うのか？　違いがあったらくっきりと教えてください。

この研究会は歴史学と政治学の共通の言語をこの時期にどうつくりあうかという問題意識もあって、比較的関係する歴史家は坂野潤治さんや御厨さんと思いますが、行政学と歴史学は、あなたのなかでどう関連していて、どういう言語の調整をするかという問題はどうでしょうか？

牧原　賀屋興宣や迫水久常は池田内閣時代にもう一回復権してきますが、少なくとも革新官僚が活躍した一九三〇年代・四〇年代へ戻ることはないわけです。彼らよりももうちょっと若い世代の官僚たちが、戦後の経済政策を動かしていきます。その世代は、統制経済に振り回されて、やはりこれはいかんと考えるわけです。革新官僚の下で統制経済を動かそうとして失敗する経験をもっています。別のやり方を考えなければいけないという試行錯誤が戦後続くわけです。その結果登場したのが、国民所得倍増計画であったということになります。

もう一つ戦前の問題で気になっている点は、同じ大蔵省内の政治的官僚のグループでも、石野信一と谷村裕とでは、海外勤務経験があるかないかの違いがあります。石野はロンドンで勤務しているんです。谷村は行っていません。やはりある世代までロンドンやニューヨークで勤務して、戦前の国際金融体制のなかで業務経験をする、これを経験した世代と経験していない世代とで大きな断絶があるように見えます。例えば田中耕太郎などは戦間期に留学して、「統一法」の理論を空気として感じ取ってくるわけで、そこから『世界法の理論（全三巻）』（岩波書店、一九三二～一九三四）を書いていきます。これに対して、戦後に登場した戦後民主主義にコミットする政治学者は、おおむねそうした国際経験がありません。戦間期の国際経験をもっているかどうかで、逆コースに対する思い入れも随分変わってくるような感じがします。イギリスとアメリカが相互に覇権を持ち合う比較的安定した時代の政治秩序、あるいは自由な政治秩序を戦後の日本にも再現しようというイメージがあるわけです。宮澤はそうした感覚を持っていた点で最後の戦前派であったのではないでしょうか。

二点目の官房組織論は、私はライン、スタッフを分けた場合のスタッフが、もし日本の官房組織だとしたら何かというと、調査部や調査課など、調査企画に関わっているところだと考えています。ところが、レオナード・ホワイトという行政学者は、補助組織という表現で人事や会計といった機能を重視していますが、西尾先生はそこにこだわりをもっているように見受けられます。そういう意味での官房組織というのは、果たして本当に重要なのかどうか、私はやや疑問です。というのは、そういう補助組織は、いわゆるノンキャリの人によって動いているものです。上に乗っかっているキャリアの人間は、ごくポイントのところしか動かしていません。ですから、私はそういうシステムでは官房が作動しているのではなくて、官僚機構総体の制度原理が作動しており、表面的に官房が束ねているように見えているだけなのではないかと捉えています。だから、スタッフ理論で官房組織を読み替えようというのが西尾先生の発想ではないかと思いますが、その理解では官僚制のダイナミズムは見えないのではないかと感じています。調査課・企画課が政策の革新を図る局面では、キャリアが動くのであって、ノンキャリの世界ではありません。

三点目ですけれども、真渕さんも山口さんも、大蔵官僚というときに、同時代の彼らが見た大蔵官僚のイメージが、昔からずっと変わらないままだったという書き方をしています。これは、国際比較としてはある程度意味があるとしても、歴史的に説明するにはかなり無理があります。やはり森永貞一郎とか村上孝太郎とか、個々の官僚にまでブレイクダウンして一人一人をどう捉えるのかという点を問題にしないと、その先の歴史研究は開けないと思いました。とくに大蔵官僚は個々人についての資料がかなりあります。

ご存じのとおり、昔は必ず大蔵省主計局出世レースが週刊誌に載って、誰が事務次官になったとかかまびすしいのです。その人が政治を動かしていたと思っていたわけですから。大蔵省ものの出版物はそもそも多かったし、大蔵省はお金があるし、銀行に皆天下りするから追悼録がよく出るわけです。占領期研究の先生方が戦後研究にお使いになった資料などをいくつかみて、追悼録は使えると思いました。集められるものはできるだけ集めて読むことで、肌合いの違いを実証的につかみ取ろうとしました。『戦後財政史口述資料』についていえば、そこでの発言と同じことが新聞記事に出るわけで、資料としても補強することができます。そういうものを組み合わせながらやっていくことで、もう一歩先に実証的な研究にいけるのではないかと考えています。分析をするときは、どうやって実証的に論じるかで頭のなかが一杯なんですが、比較でみると、当時は、大蔵省が自民党に対してどうなったかを測定するには、大蔵省自体が内在的に変わっていくから、それとともに自民党との関係も変わってくる、という説明をしたいと思っていました。

それからもう一つやってみたかったのは、アイディアの政治とか政策構想などという政治学の概念枠組みがありますが、それを制度の思想史として分析できないかということです。官僚の思想史というと、橋川文三さんのような研究もありましたが、もう少し思想史的なコンテクストを踏まえて、制度を語れないかと、前から考えています。行政官ではすぐには素材が見つからないのですが、裁判官を対象にすることで、切り口をつかめないかと考えています。田中耕太郎は国際主義者であり、カトリック信仰がその政治的行動を強く規定しています。また、最高裁の人事システムを構築した鈴木忠一という裁判官はアララギ派の歌人であり、ドイツ法にも造詣が深く、非訟事件の研究者としても著名な人物です。こういった人物像に踏み込んで、その制度構想をもとに歴史叙述を進めることができるのではないかと考えています。

それから歴史と政治学との共通言語ということですね。これを語る前に政治学と行政学との共通言語をまず考えなければなりませんでした。政治学のなかで行政学をどう考えるかというときに、私には研究の出発点から、官僚制の法制史研究で官僚制の歴史をやりたいという動機がありました。法制史は基本的に国制史、行政史、法曹史という区分をとります。このうち行政史は制度をかなり丹念に書き込むという性格が強いと思います。ここに政治史の手法を持ち込んで、ダイナミズムを発見できないかが次の段階の発想でした。

ですから、『内閣政治と「大蔵省支配」』を書くときには、例えば占領期の行政機構改革研究の手法をその後の時代に適用したらどうかという書き方を意識しました。天川先生のご研究などを意識しました。その先に、辻清明先生の門下として、天川先生のもっと向こうにいくと渓内謙先生がいらっしゃるというイメージです。私は東大で木庭顕先生のローマ法の授業を受講しており、後に『政治の成立』（東京大学出版会、一九九七）以後の三部作にまとめる前の講義を通じて共和制ローマ史に強く感銘を受けました。木庭先生が渓内先生を高く評価されていたこともあり、このあたりは法制史、占領期研究、ソヴィエト政治史がつながってくるように感じていました。何が一番難しいかというと、結局アメリカ政治学との共通言語をつくることです。歴史的新制度論や、その少し前のセオドア・ローウィには行政学的な研究がありましたし、アメリカ政治発展論の学派をリードしたジェローム・スコールネクは、ドイツ国家学の影響を受けた政治学者なので、そういった人たちとのつながりを意識するという形がまずは考えられました。その向こうに何とか国際比較の枠組みを考えてみたいと、いまでは構想しています。

ただ、歴史学という分野になったときに、いろいろと課題があるわけです。坂野潤治先生の研究は摂取しようとずいぶん努めましたし、北岡伸一さん、御厨貴さんなどの政策と官僚機構を見ながら政治史を議論される方のものを見て、見様見まねで自分も対象に取り組むしかないという感じでいたわけです。ですけれど、一九五〇年代について見ていくと、高度成長はまだ後の話なので、占領期からどう継承できるかということと、それ以前で、総動員体制ができていく三〇年代、四〇年代の政治史とどうつなぐかが直近の課題です。だから、そういった研究に果たしてどの程度共通言語を見ていくかと。逆コースはその共通言語となりつつありましたが、先にお話した理由で、これはやめることにしてきました。私の場合、非常にイメージしたのは、まずは天川先生たちの占領期研究を踏まえ、次は、日本側の資料も見ながら考えることでした。そこをアメリカから日本の官僚機構はどう見えるかというだけでなく、日本側の論理的な対応もあるわけですから、そこも見るという部分は相当に意識しました。

雨宮　以前の官僚がどういう考え方をしていたかを考えるときに、革新官僚を含めてなんですが、僕は例えば官僚、政党、社会運動のリーダー、経営者などを縦断して共通にものごとを考える国策共同体みたいなものを一応設定してみる。そうすると、内外の自由主義的なシステムを考える自由主義派、戦時体制でいえば国防国家派の上から改革する流れ、一方、下から政策を展開しようとする流れ、あらゆる変革に対して反動的な動きをとる流れの大体四つぐらいが、政党、官僚、社会運動、経営者を縦断して存在しているわけです。そういう議論のなかで、官僚や政治家が独自の構想を出さないといっても、その潮流が独自の構想を、例えば昭和研究会みたいなものが出したわけです。それからもっと自由主義的な流れがあったというふうな形で整理すると、細かいことは難しいんだけども、大きい流れとしては、そのように見たほうが見えやすいんじゃないかと思うんですが、どうですか？

牧原　田中耕太郎もそうですけど、オールド・リベラリストとして統治機構とか制度と結びついていくようなのは、自由主義派に入るのか、上からのかは分かりませんが、もっと若い世代が登場したときはどうなるか？　昭和研究会はある種ばっと時代が切れて、横に拡散しつつ政治をどんと動かした感じがしますけど、戦後は政治と社会の関係だけでなく世代の問題が重要な気がします。

雨宮　分かります。

牧原　それとさっきの自由に対する問題も、国際的な視野もそうだし、そこをどういうふうにうまく切り取るとクリアになるのかなと。

雨宮　分かります。ただ、そのときに僕は、自由主義派が思い浮かびました。つまり、三谷太一郎さんがいうような一〇年代、二〇年代の井上財政、幣原外交、自由主義経済みたいなものです。自由主義派は戦時中も自由主義経済を守りたかったわけですが、戦後になって統制経済より駄目だというときのリアルなイメージがあって、しかも自由主義派が生きているというか、もちろんまったく残るんじゃないけれども、そこに既存の材料が存在しているし、それが継続している、と説明したほうがリアリティがあるんじゃないかと思います。いや、僕は単に若いというだけでは済まないんじゃないかと思います。

村井　この研究会で戦後体制についていろいろとお話を聞いてきているんですが、今日のお話は戦後という括り方をする必要性があるのかどうかがよく分からないというか、戦後を長期の転換期として見るのは、そうなんだろうと思いますが、そうであると戦後という言葉を使う必要はないと思います。ということは、戦後という議論はこの筋の話とは別のところで強く打ち出されている、という話なのでしょう？　いまそういうことを漠然と考えていました。

牧原　少なくとも、メディアと人々の意識には、戦後というのはやはりあるんでしょうね。とにかくまだ戦後だと。だから、日本国憲法をどう考えるかというのが、私のなかにずっとあるんです。最高裁判所を研究するのもそれなんです。これは大審院の時代とは全然違いますので、裁判官の意識は連続している部分はあるんですが、制度的には全然違います。戦前と戦後の連続とは言えません。やはり日本国憲法が厳然と画する部分はあるんじゃないでしょうか。それは一九五〇年代にまさに現れてくるんです。戦前とは全然違う政治の仕組みが、そこで動き出しているのは間違いないんです。ただ、問題は、それが何かということが、必ずしもきちんと研究されていないから分からないんです。日本国憲法の条文は分かっているけど、あれがどう動いているかということが分かっていないのです。だから統治機構はそこが全然スキップされていて、「地方自治法」や「国家公務員法」などの法律の制定過程とかその動き方を見ているわけですが、上のレベルの「国会法」や「内閣法」がどう動くかというのは、実は、官僚制あるいは政治にとってはものすごく重要なんで、ここの部分の動きを考えていくと、戦後が見えてくるんじゃないでしょうか。

村井　戦後は、ある局限された時期のものだという印象があるからですね。局限された時期のものなんですが、局限された時期が永遠に続くことによって、局限されていないという話で、時代を超える存在としては見られていない、という話ですね？

　だから時代を超えて生きていてもいいもの…。

河野　内閣法制局の九条の解釈は変わっていないわけです。いろいろあったとしても基本的に変わっていないので、ある時期に確定したものが、それがずっとという側面は確かにありますが、例えば、冷戦終焉後に何度か試練があったときにも、九条は変えないでいこうという流れがあります。もしそうだとするなら戦後は終わっていないと思います。牧原先生のお話は統治機構なので、外交史的な解釈を持ち込んでしまうと話が拡散してしまいますが、憲法を考えるときにはいくつか腑分けをする必要があると思います。

村井　その場合、憲法がある限りは戦後だというのか、あれは要するに一時期のものではもうなくなったとみるのか？　ある時期までは、逆コースという言葉もそうですけれど、もう一度改憲されるものだという印象がどこかにあって、せめぎ合っていたんですね。

河野　改憲の具体的な考え方が、ある時期から変わったのかもしれないと思っています。ある時期というのは、うまく言えないんですけれども、変えるんだったら九条を変えようという声がずっとあったのが、その後、参院問題とか統治機構とかさまざまな条項が浮上しています。

村井　使えるようにという感じですね。

河野　そう。使い勝手が悪いという声が出てきて、変えようという声もあり、第一次安倍内閣以降、変えようと思えば国民投票法もできたんですが、実際変えることができるかどうかは微妙です。

牧原　しかし、それだけのエネルギーを使うだけの余力は、いまの政治にはとてもないという部分はあると思います。

雨宮　いまの問題を考えたいんだけれど、大日本帝国憲法はずっと変わらなかったわけです。だけど僕に言わせれば、戦前体制と戦時体制とでは明らかに憲法の機能が違っているんです。システムとしては、ヴェルサイユ体制になる国際体制と、東亜新秩序みたいな形とか、政策が大きく変化します。それに伴って憲法も運用されるという場合には、憲法がそのまま全然変わらない、不磨の大典という時代は終わるというふうに議論するべきで、しなきゃ分からないと思います。そういう点では、先程の河野先生のお話の護憲という五五年体制はまさに戦後体制です。しかし、比較的厳密な意味での九条解釈が緩んできたときには、改憲された、憲法が変わってしまったんだというふうに議論したほうがいいと思います。戦前と戦時のいろんな知恵をもう一度呼び込むような形でつながる、というふうに考えたほうが面白いんじゃないですか？

河野　解釈改憲が主たる解釈になったときに、終わったという意味ですか？

雨宮　終わった。あるいは戦後というと、戦争がないと困るから、第一の戦後は終わった、第二の戦後は終わったという言い方をしてもいいと思います。言い方は何でもいいけれど、戦争がなければ終わらないという話だと困るから、戦後を終わらせるために。

天川　さっきの憲法の話で非常に面白いと思ったのは、統治機構論に手がついていないという話がありましたが、最近の憲法学は統治機構論よりも人権論になっているんです。僕が習ったころはまだ統治機構論だったという感じがあるんですが、最近はもう人権、人権でしょう。だから、憲法学自体が、いまの憲法の本質をどこに見るかということです。憲法の基本には、国民主権、平和主義、基本的人権の尊重の三つがありますが、国民主権と平和主義のところ、これは九条もあるけど一条の問題もあるわけです。僕らのころはまだ議論されていたのかという感じがありますが、その後は基本的人権が憲法学の中心になったような印象を僕はもっているんです。そういう意味でいうと、統治機構に関する憲法学をどれだけいろんな意味でやっているのかというのが一つです。

もう一つは、雨宮さんの話に則していえば、九条ももちろん問題があるんだけど、統治機構についていうと、それこそ分権だとか省庁再編だとか、いろいろ議論していますが、それはある意味でいうと、憲法は変わっていないけれど、統治のルールでいうと、非常に大きく変えている部分もあるんじゃないのか、という気もしないわけではないんです。その辺りは、憲法の統治機構に関わる側面で、事実上の変化があるというふうに牧原さんはご覧になっているのか、その辺りのところをお聞きしたい。

牧原　やはり「内閣法」と「国家行政組織法」に関わる部分が大きく変わってきていて、それは五〇年代もそうだし二〇〇〇年代もそうです。これらの法律を抜本的に変えることで、政治は大きく変わったと思うんです。憲法は動かせなくても、これらは動かせますから。政と官のルールを組み変えながら新しい政策を実現し、政治構想を実現しようという政治家も現れるでしょうし、それに乗る官僚たちも出てくる。

村井　今日言及されていた田中角栄ですけど、どう評価されるかは、大きいと思うんです。

牧原　一九七〇年代から八〇年代にかけて田中が新聞に出てくる写真を見ると、たとえば岸の最高顧問就任のパーティに田中角栄登場などとして報道されている。どうしてロッキード事件の被告人をここまでビジュアルにアピールするのかと思いますが、記者が田中を好きなんでしょう。田中というのは、こうも好かれていたのかといま振り返ると改めて思います。時代が変わって、皆が嫌いだけど好きだったんです。その意味でも、田中自身はシンボリックになってしまう部分があると思うんです。しかし研究では、いつまでも田中角栄を闇将軍だなどといっても済まないですから。村井さんは、佐藤内閣時代をやっていてどうですか、田中は？

村井　佐藤内閣時代と田中内閣時代で政治の空気がずいぶん変わるような気がするんです。ライシャワーは六五年ぐらいに、第一次世界大戦後二〇年で次の大戦が始まったことを非常に強く意識していました。戦後二〇年を超えて、しかも七二年に沖縄を返還したところで、戦後は長期化したとみるのか、終わったとみるのか、田中を日本国民がどう受け入れたのかというところに一つの鍵がありそうな気がするんですが、それは分かりません。

天川　田中の問題もありますが、吉田は散々で辞めたわけです。だから、それがこう評価が変わったという話です。吉田が辞めるときは本当に皆さん喜んで、鳩山ブームです。それと同じで佐藤はやはり長かったでしょう。小学校に入って、そのときの総理大臣が佐藤で、卒業するときもまだ佐藤だったというのは、いまでは信じられません。長期政権に対して人心が倦んでいるところが僕はあったと思います。いまや長期政権がいいというような願望があるのかもしれませんが、もっと長期政権になってという感じもあるけれども、長ければ長いでやはり人心が倦んでしまうんです。だから吉田の後の鳩山ブームと、佐藤の後の田中ブームは重なるんです。鳩山は超エリートなんですが、田中ブームと類似点もあると思ったんです。それで福田になれば、何またあの亜流が続くの、というそういう感じだったんです。

河野　牧原先生は、自民党が官僚制に取り込まれる形になったと、説明されましたが…。

牧原　ええ。

河野　官僚が自民党を取り込んだとして、自民党の役割を考えると、ものごとを決める機関としての意味があったということですね。よくいわれるように、最終的に法案を閣議に上げるときには必ず自民党の総務会で最終決定した、というその辺りをおっしゃっているんですね。

そこでいまの田中の話に戻ると、官僚制が自民党を取り込んだのか、自民党が官僚制を取り込んだのか、ということはどう考えればよいのでしょうか？　政党政治家が田中を担いだのは、田中なら官僚を使いこなせるという期待があったのではないだろうかという仮説なんですが。

牧原　その辺りはいろんな議論があると思うんですが「水資源開発関係二法」について、私が助手論文を書くときに入手した制定過程の資料を見ますと、自民党に「水資源特別委員会」というのがあって、そこが農林省に資料をだしてほしいと文書を出すときに、「よろしくお願いいたします」、「申し上げます」といった調子で書いてあるんです。当時の政調会、特別委員会と役所の関係というのは、政調会が役所に敬語を使う関係なんです。

河野　どちらがですか？

牧原　政調会が役所に。「ご用意願いたく、よろしくお願い申し上げます」。完全に官が上なんです。当時、自民党はできてまだ五年ですから、歴史の差はあると思うんです。だから、私はやはりあの仕組み、あのプロセスでも、自民党はかなり官僚制に取り込まれていると思いますし、田中もそうだと思います。ところが、佐藤になってきて、その仕組みができあがってきた後どう動かすかというときになってきたときに変わってくるのです。できあがるプロセスは、かなりの程度官僚機構が取り込むような仕組みなんですが、それを動かす段階になると、政治家がマニューバーできる、ということになるんじゃないでしょうか。

だから七〇年代ぐらいになると、マニューバーしたいんです。竹下はそうだし、田中自体もそうなっていきます。族議員がでてくるのは、やはりマニューバーできる仕組みが固まったからだと思います。固まった後は自民党が強い。固まるまではやはり官僚のほうがむしろ取り込んでいくような動きにみえるし、高度成長もあったからという部分はあると思います。高度成長で、例えば、新産業都市の個所付けで党が動いたのが族議員の起源かというと、そうじゃないと思います。

河野　族議員の起源はもっと後でしょうか？

牧原　六〇年代よりももっと後の時代からでてくるものです。それは、官僚から見れば、政治の領分で勝手におやりなさいというレベルの話でしかないんです。その辺りが、党高官低という八〇年代のいわゆる日本型多元主義の論者が言うような転換というものの実態だと私は考えています。山中貞則はそういうタイプの典型です。七〇年代以降から八〇年代にかけて活躍する政治家は、そういうタイプの政治家じゃないですか。

ところが一九七〇年代中葉までの政治家は、これは福永先生もいろいろとご存じですけれど、あまりよく分からないんです。例えば、激しい派閥対立の中で遊弋した挙党協の政治家たち。彼らが何をしたかほとんど分かりません。田中六助、二階堂進、園田直とか、様々に動いていたと思いますが、福田と大平の間の密約なる文書の写しくらいしか資料は残っていません。そうした政治家の動きがみえる資料が発掘されると、いまの転換の実態がはっきりと見えてくるんだろうとは思います。どうしても通念に立つ政治学研究は、五〇年代、六〇年代、七〇年代に徐々に単線的に変わってきたというイメージで議論してきたわけですが、やはりそこは実証的に歴史の側から分析できると思うんです。

河野　牧原先生が二冊本をお出しになったでしょう。最初の本も非常に新鮮だったし、もちろん二冊目もすごいなと思いましたけれど、何が新鮮かというと、日本政治学のおもな対象は七〇年代以降で、いい悪いではなくてなぜか五〇年代、六〇年代についてては関心がないのではないでしょうか。そこを占領以降、五〇年代と六〇年代以降を牧原先生が書かれたので、「ああこういうこともできるんだ」と思って、それが非常に新鮮だったという印象が、いまも続いています。先生がご覧になって、五〇年代、六〇年代の研究はあまりないですか？

牧原　どうなんでしょう。外交史ではかなり出てきています。ただ、内政で、再軍備とか個々のテーマでは良質な研究が出てきているんですが、岸内閣をどうみるかというテーマ一つとっても難しいと思います。岸内閣を研究するだけで、さっきの逆コースの反動岸と同一視されかねません。原彬久先生のような岸に密着した研究の後、やはりなかなか続かないいんじゃないかと思います。

河野　牧原先生は、逆コースは前提なのでしょうか？

牧原　逆コースについていえば、「逆コース批判の共同体」が強固に存在したわけです。この方たちの議論には将来への期待はあるのですが、逆コースというものの中身、例えば自衛隊ができたからけしからんではなく、どのようにできたのかを解明する方向には進んでいません。例えば改進党の改憲案は、自衛隊の指揮は国会がもつべきだという議論です。だからある種国会中心主義的な考え方がみられます。まだ与党ではないからということもありますが、改憲でも憲法観をどういうふうにとるかで、つまり内閣と国会との関係で反動とは言えない部分もあるのですが、そういうものを含みながら、しかし当然最右翼には反動的と言われる動きもある、という目でみていく必要があるのではないでしょうか。

岸自身も憲法改正にはいろんなテーマがあるといっているわけです。それは、例えば、衆議院の修正した予算を参議院でだれが提出するのかという問題も含めて、いろいろとあるわけです。だからもし整理しようと思ったら、いろんな整理の仕方が当然あるわけです。司法について言えば、国会で「裁判所法」を議員立法で変えてしまうのは是か非かというのが当時政治問題になっていて、もしそんなことを本当にやってしまうと、最高裁判所の機構も変転していたはずです。いまでも橋下徹の維新の会なんて何をするか分かりません。裁判所の機構改革だってやりかねません。これまでは国会が自制してきたんです。自民党と社会党は結局そうしたわけです。岸の場合には国策共同体、安保もすべて自分は下から支持されたと思ってやっているわけです。だから岸なりにはデモクラシーなんですが、戦後世代と意識の違う四〇年代的な国家社会主義的デモクラシー観です。そういうものを彼は明確にもっているので、私は岸は面白いと思うんです。

雨宮　だから年金も保険も岸が戦前も戦後もやったわけです。そういうことも含めてどう評価するかという問題があって、展開はしませんが…。

福永　逆コースのことで言うと、逆コースはあったのか、なかったのかを天川さんがやられたでしょう。

天川　あれが問題になったのは、アメリカでフロストという人が逆コースはないと言ったというので、ずいぶん議論になりました。一番反論したのは中村政則さんなどです。

福永　逆コースといわれる政策がどれかはよく分からないんです。九条それから民主化というのが指標かもしれないですが、例えば吉田が逆コースをやったという政策で、吉田の思い通りになったものはほとんどありません。吉田が執着してやったのは「警察法改正」ぐらいで、それ以外は案外あっさり引っ込めています。

牧原　でも、実際自治体警察では使えませんから、改正は必要なんです。

福永　自治体警察も六大都市はしばらく廃止反対だったんです。ある程度機能しているという意識があったから。警察法改正がうまくいったのは、財政的なことも含め元々機能しえなかったというのもあるんです。そう考えたら、逆コースをどう考えたらいいのかいまだに分かりません。何が逆コースで何が逆コースじゃないかということでは、占領後、「地方自治法」だって吉田は変えたかったわけです。でも彼が確信的に変えたかったのは、内務省です。

天川　そう、内務省復活であるとか、あるいは官選知事にするとかですね。でもこの時期の吉田の考えがどこにあるかは、それこそ資料的にフォローしにくいわけです。だから、資料というのか、何をもって政治家の行動であったといえるかどうかは難しいでしょう。本人が書いているものなんてあまり残ってないので、新聞なり、当時のいろんなものなりで見るしかないわけです。吉田は書簡が出てきているから少しは分かるけれど、分かりにくいんで、その辺りをやはりどうやっていくかという問題にずっと直面されていたと思います。

牧原　そこが結局できないから、比較制度分析や歴史的新制度論で説明したり、投票行動で説明したりする潮流が強くなると思うんです。もちろんそうした研究も有意義ですが、歴史的なアプローチは絶対必要だと思うんです。『行政改革と調整のシステム』（東京大学出版会、二〇〇九）で書きましたが、戦後の政治資料を読んだり、オーラルヒストリーを行っていると、研究者に知られていなくても、政官界では常識とされていることがあまりにも多いのに気づかされます。歴史研究によって、こうした情報が相当程度共有されることで、政治学研究の基礎が固まるのではないかと思います。

村井　肉声をうかがわせる資料があまりないんです。

天川　河野一郎などもないんです。

牧原　河野一郎については、いろいろしゃべっている記録のなかでこれというのを引っ張ってくるしかないと思います。当時比較的河野は注目されていますから、なんかばっと語るのが出る。河野の談話は割ととられています。割と単純な人で、そんな複雑な人ではない。だから分かりやすい部分があると思います。岸の発言の真意は本当によく分かりません。そうは言ってはいるけど、どうなのかと。いろいろ考えますとよく分かりません。

村井　逆コースの射程はどこまでですか？　吉田の政策ですか？　占領改革があって、逆コースがあって、その逆コースが現在まで続いているという議論ですか？

牧原　改憲まで入れれば、いつまでも続きます。しかしそれは人によります。

福永　吉田時代というか、日本側がやった逆コースと、アメリカ側がやった逆コースの二つがあります。

天川　最近は議論が混乱しているんです。元々は日本の話をしていたのが、アメリカの政策の話になっているんです。いまやそうなっているんじゃないですか。アメリカ人が括弧付きでリバース・コースと書くから、それを翻訳すれば、アメリカの政策がいつ逆コースになったのかという話になります。多分それを指して、アメリカの政策は逆コースではないとピーター・フロストはいったわけです。

河野　ダワーははっきりとリバース・コースと使いますね。

天川　それは日本の動きなのか、あるいはアメリカの政策なのか。僕もフォローしていませんが、最近はアメリカの政策についての逆コースのことが議論の中心じゃないですか？　元々の逆コースとは違う意味になっていると思います。

福永　アメリカの逆コースは、むしろアメリカのなかの権力配分であって、逆コースでもなんでもなくて、変わっただけという説明の仕方もあるわけです。

天川　そういうことです。力点の置き方が変わっただけです。ギアを入れ替えただけで、バックしたわけではないんです。

福永　日本の場合はギア・チェンジとは言わないですね。

天川　そうでしょう。戦前に復帰するか、そういう話でしょう。だからその戦前が問題です。

雨宮　正常化と言ってもいいかもしれません。そういう問題として見たほうがいいわけでしょう。正常に運転するために必要なことを整えるという意味が、かなりあるんじゃないですか。

牧原　一九六〇年以前は皆いきりたっていますから。それぞれの思いがあるから、理論的に説明するのが難しいというか。「山田風太郎日記（『戦中派焼け跡日記昭和二一年』小学館文庫、二〇一一）」を読んでいると、一九四六年の早い時期に時局便乗者は許せないと書いてあります。要するに戦後改革でアメリカに媚びる者は許せないんです。彼は結構ナショナリストですから。だけど自分たちはマッカーサーに指導されて、これから変化していくのだろうというようなことも書いています。こういうコンプレックスに身もだえした経験のある世代は逆コースに対しても、やや冷めているようですが、この時代を小学生というか国民学校の生徒として迎えた世代が大きくなると、このままでいいと思うから、逆コースふざけるんじゃない、みたいな感じになっている意味での逆コースじゃないですか。

雨宮　でも政治的な言説であることは間違いありません。

牧原　ええ、それは間違いありません。

天川　五八年画期説というか、画期というか、これは面白かった。

牧原　間違いなくトーンが変わります。岸は本当にやろうとして、動かそうとするんです。経済もその辺りから転換してきますから。画期という感じがします。

村井　戦後は五八年までだけど、戦後体制は五八年から？

牧原　より正確に言うなら五八年までじゃないかと思います。そこからやはり戦後というよりは何といいますか、成長にシフトしていくというか、そういう感じがします。豊かさを受け入れていく方向にいくんです。戦後ではないんです。もちろん、戦後的なものはたくさん残っているんですが。経済に触れすぎなんでしょうけれど。

福永　池田の所得倍増論などの計画は五八年ぐらいから出てきますが、五八年体制と六〇年体制はどう違うのですか？

牧原　要するに、安保改定はある種の頂点だという理解がありますからね。これは都市部にはあると思うんですが、地方においては分かりません。しかし、経済社会構造の転換をどういうふうに肉づけするかも含めて考えてみると、事件によって転換するわけではないということにもなります。

天川　なべ底景気といって景気が悪くなるのはそのころですか？

牧原　それから脱するんです。岸が本格的に秋の国会で新しい景気対策とかいろいろとやるときなんです。

天川　神武景気があってなべ底になって、そして岩戸景気とか何とかでずっといって…。

牧原　そうなんです。まだ景気対策と言っていた時期なんですが、下村は転換していくわけです。

雨宮　戦後の問題とは国民がどう意識するのかという問題もあるけれども、例えば、戦勝国体制みたいな連合国が国際システムを仕切るというシステムはずっと変わらないわけです。僕は違うところで書いたんですが、キャロル・グラックが日本の戦後は非常に長いと言っています。なぜ長いかというと、日本のインテリが八・一五から近代が始まったと考える知的雰囲気が戦後を長引かせていると、と彼女は言うんです。でもそれは違うと思います。戦後を持続させているのは連合国のシステムです。いつまで経っても敗戦後は戦後システムで、戦勝国しか常任理事国にならないんです。それが実際上ディシジョンをしていくシステムは少しも変わっていないんです。という点で戦後体制が続くんです。ドイツは多分EUとか広げすぎてしまったので希釈するんです。日本は、戦後冷戦に助けられていますが、冷戦が終わっても厳然と存在しているのが戦勝国体制です。そういう問題で戦後は持続していると言ったときに、彼女は納得しませんでしたが、いまの問題も、成長期になったから戦後は終わって違う言葉だというのも、ある部分ではいいけれども、もう少し多様な側面から考えると、どうなるかという問題があります。

牧原 そうなると、多分いつまでも終わらないんです。おっしゃるのは戦後の後どういうネーミングにするかという指摘ですね。

雨宮 そうなんです。ですから僕は、いまところポスト戦後体制や脱戦後体制と言うしかないと思います。戦争を呼び出して次の戦争を使うという話になると困るから。僕は一九五五年ぐらいに政治、経済、社会が相互連関で固まって、それを戦後体制と一応言おうという立場です。それが冷戦体制、日本的経営などがばらばらになって、自民党一党優位体制が駄目になるのもだいたい九〇年前後で、脱戦後体制がそこで始まっていると見るのです。つまり、議論として違う時代が始まっていると整理したほうがいいんじゃないかと思うわけです。そうすると一方、冷戦体制が終わっても戦勝国体制は厳然として存在しているわけだから、どう考えていくかも含めて…。

天川 終わってないという議論も成り立つわけですね。

雨宮 成り立ちます。

天川 冷戦体制が終わっても、戦勝国体制は変わらないということですか?

雨宮 僕はそういうふうに整理してほしいんです。しかし、皆が成長を思い始めたのが戦後との決別であるというのは、一部では言えますが、戦前にも豊かになろうという話は結構あるんです。あまり新しい提言ではない感じがします。

牧原 ただ、「もはや戦後ではない」という形です。『経済白書』の含意はシビアでした。

雨宮 そう。一年前にやって、もうアメリカには頼らないということでした。

牧原 そのシビアさを下村ははっきりと変えていくんです。もっと成長するというつきつめたところで楽観的な展望を開く議論です。それによって転換は起こっていくんだと思います。内政では転換の主流の一つになりえるだろうという見方ができると思います。要するに、あえて五五年にしないということです。自民党もそこから先、機能し始めるというのではなくて、やはり鳩山ではなくて岸のあるときであると…。

雨宮　でも五五年体制は、岸たちがある意味主導してつくっているわけです。それがきちっと完成されていって使い勝手がよくなるかという問題だけれども、五五年自体が反吉田勢力の力だから…。

河野　戦勝国体制とは言いますが、例えば、ニクソンショック、オイルショックがあった辺りの雑誌論文などを読むと、アメリカの国力の相対的低下ということが繰り返しでてきます。どういう意味で相対化されているかというと、やはり西ドイツと日本の経済力が圧倒的に伸びてきて、三極体制という認識ですね。その後日本経済は少し悪くなったし、冷戦終焉のときはやはりアメリカが一人勝ちみたいになりました。でも、ここ数年、リーマンショック以降アメリカ経済が、一九四五年のときのような絶対的パワーに戻ると思っている人はいないと思います。だから現在は戦勝国体制は崩れているのではないでしょうか。

村井　体制の制度化はすごく大事だと思うんです。戦勝国がつくった制度がそれ自体として機能していくのは非常に重要だと思うんです。ただ、いまのお話を聞くと、冷戦の終わり方が一九四五年の戦勝国体制を逆に強化した気がするんです。そうすると、その辺りは全部戦勝国で、全部戦後というのは、七〇年代初頭からみると、実相と印象にずいぶんズレがあると思います。

雨宮　冷戦体制のときは冷戦と戦時体制の二大体制が両方併存しているわけで、冷戦体制が強いときは冷戦が前に出ているけれど、冷戦の終わり方は制度化された戦勝国体制をもう一度強化したという話です。

村井　日本が戦勝国体制の管理におかれていた時期と、戦勝国体制に乗っかった時期と、再び管理におかれているかもしれない時期とを同じ言葉で言い表せるかというのは…。

雨宮　それは分かりません。

河野　日本は敗戦国体制ですか?

牧原　日本は敗戦国体制です。

雨宮　敗戦国体制です。イタリアとドイツは原発をやめるけれど、日本はやめられないじゃない。そこが違うという印象もあると思います。

牧原　じゃあ、敗戦後と戦後は違うんですね。敗戦後が終わった後、戦後が始まると…。

雨宮　そう。僕はそれがいいと思います。占領期は戦争が継続していると思いますから。天川さんがおっしゃる通り五二年までは戦争中です。憲法ができたときに憲法体制ができたなんていうじゃないですか。嘘だろうと。国家主権も国民主権もないときにできた憲法が体制なんていうことはありえないわけです。

福永　敗戦国体制なんて体制があるとは思えませんが。

雨宮　そう、でもいい。そういう意味では正確だと思います。

福永　いや、正確かどうかは。

雨宮　主権がないところに体制があるはずはないんですから。

福永　敗戦国が体制をつくるなんておかしいじゃないですか。

雨宮　いや。だから従属的な…。

福永　だからそういう従属もまた、昔いろいろ議論があったけれど、従属であったかどうかも逆コースと一緒で考え直す必要があります。しかし、圧倒的に勝った国があって、圧倒的に負けた国があって、それが従属か従属じゃないかという議論をしてもどれだけ意味があるか…。

河野　私も本当にそう思います。

雨宮　僕から言ったら意味がないんです。つまり、占領されているということは当たり前のことなんです。そこで行われた改革も、改革された側の自主性を自明にするようなこと自体がおかしいと言っているわけであって、その従属だ、従属じゃないというのはもう負けきっているわけだから…。

福永　言うまでもなく、憲法ができれば憲法体制だ、といっているはずはなくって、ある制度ができて、それが根付くのは当然五年ないし一〇年はかかるわけです。例えば、よく言われるのが、家制度が崩壊して新しい何かができたって言うけれど、現実化するのは六〇年以降です。だって、それまでは、親子を中心とするファミリーをつくる場所も、お金もないし、出られないんです。

雨宮　でも家の問題は社会の問題で、憲法は権力関係だから。

福永　だけど、その憲法で男女同権で、それを書いて、そういうふうに論理展開するわけだから。憲法のなかに書いてあることも、それがいつ実現するかというと、タイム・ラグがある。ただ問題は、戦後体制から五八年か、五五年かということです。天川先生が前にやられたヒアリングで、平野力三がアメリカがやって来たから、これからは議会の時代だと。多数をとればいいと。岸も復帰してからそればかりでしょう。そういう認識があると同時に、そういう認識を持てたのはいつかという問題です。だって、平野のキャリアはよく覚えていないけれど、平野がそんなことを言うほどなんです。岸ならば完璧に…。

雨宮　でも平野は、雑な言い方でいえば、自由主義派だと思っています。社会国民主義的な下からの人間じゃありません。まさに自由主義で、労働力をどう売るかということについてのものすごく透徹した思考をもっているんです。彼は一貫していて、戦時中もずっと反東条、反国防国家派です。

福永　時間になりました。今日はありがとうございました。

「戦後歴史学」の戦後史

成田龍一

はじめに——「戦後歴史学」をめぐる、いま

今日はお招きいただきまして、どうもありがとうございます。成田龍一です。改めて自己紹介させていただきますと、一九七〇年に大学に入り「歴史学——近現代の日本史」を勉強しました。文学部系の歴史学です。後で詳しく触れますが、その頃の歴史学は、ちょうど「戦後歴史学」が再編成され、「民衆史研究」という流れが活況を呈する時期に当たっていました。私は、その「民衆史研究」のもとで学びながら、現在に至っています。史学史的にいうと、歴史学は、「戦後歴史学」の時代、「民衆史研究」の時代、そして一九九〇年辺りからもう一つの展開を迎えているのではないかと私は思っています。そうした認識と立場から、今日は報告をさせていただきたいと思います。

手掛かりにするのは「戦後歴史学」です。この「戦後歴史学」という歴史学の一つのパラダイムは、戦前とは異なることを根拠とする立場から主張を始めた歴史学で、敗戦後、おおよそ一九五〇年ごろに形を整え、戦後の歴史学の

主潮流となりますが、一九七〇年ごろに一つの曲がり角を迎えていました。そして、このときの再編を経て今日に至るのですが、その「戦後歴史学」の戦後史ということで、話をさせていただければと思います。ご注意いただきたいのは、戦後日本の歴史学のなかで「戦後歴史学」は圧倒的な主潮流ですが、戦後の歴史学そのものではなく、あくまでもその一部分ということです。戦後日本の歴史学、「戦後歴史学」と使い分けて行きたいと思います。

まずは、「はじめに」として、「戦後歴史学」をめぐる「いま」を入り口にしてみましょう。「戦後歴史学」は、戦後にアイデンティティを形成しスタートした歴史学ですので、七〇年前後の再編成はありながらも、二一世紀になって制度疲労を起こしていると私は観察しています。一例を挙げてみましょう。歴史学は、自身の成果と課題について、たびたび総括を行う学問です。要となる時期に総括を行い、一〇年ごとの節目にその成果を共通認識として共有してきました。その準備作業としては、毎年「歴史学の成果と課題」という『史学雑誌』での総括特集も組まれています。

つまり、歴史学は自己の領域における成果と課題の検証にきわめて敏感な学知なのですが、「戦後歴史学」を総体として検討しようという試みもなされます。日本史学を対象としてですが、二〇〇〇年から刊行が始まった『展望日本歴史』（東京堂出版）という全二四巻のシリーズはそのひとつです。「戦後歴史学」を自他ともに担ってきたと認め、またその継承がいま喫緊の課題と考えている人たちが編集しています。これは勢いよくスタートしたのはよいのですが、二冊を残したまま現在のところ、未完となっています。編者たちが、現在の歴史学の展望を記す巻が未完なのです。意地悪い言い方をしますと、「戦後歴史学」から歴史学の展望を出すことの困難がここに示されているように思うのです。戦後の歴史学を、「戦後歴史学」のみで総括することができるか、という課題に直面してしまったということです。

いま少し、『展望　日本歴史』に立ち入ってみれば、編集は、近現代の場合、まずは「開国と維新」というまとまりをつくり、つづけて「明治憲法体制」「近代の戦争と外交」というまとまりをつくります。それから「歴史のなかの現在」、これは現代史ということですが、というまとまりをつくって、それらを背骨とします。つまり政治史で背骨をつくるのですが、その際に、開国・維新、明治憲法、それから戦争と外交、現代史と、いわば当時の問題意識に沿ったまま括りあげています。いってみれば、「戦後の歴史学」の総括を、「戦後歴史学」の過程をそのままなぞるようにして枠組みをつくります。そして、それを、二一世紀の「いま」提供しています。「戦後歴史学」の成果を再編成し、それを組み直して、戦後の歴史学として「戦後歴史学」にはどのような成果があったかを問うという工夫―組み換えは見られません。そのままなぞってみせ、そこに経済の巻、植民地と帝国主義の巻、それから民衆世界、これは先程申し上げました「民衆史研究」の成果を入れるということですが、そして思想史の巻を配するという構成になっています。

全二四巻のうち八冊つまり三分の一が近現代の巻です。日本歴史を考え総括する場合に、全体の三分の一を近現代史にあてることが多いか少ないかは意見が分かれるところでしょうが、私としては少ないと思っています。とくに、現代史―戦後史が一巻しか充てられないのは、これでよいのだろうかと思います。強い言い方になりますが、総括をおこなう問題意識が二一世紀に直面する問題意識というよりも、かつての戦後の問題意識に多くよりかかっており、鈍化しているのではないでしょうか。制度疲労というゆえんです。

内容的にも同様です。「戦後歴史学」の総括をするとして、「民衆史研究」までは、つまり一九七〇年前後の歴史学までは視野に入れていますが、「社会史研究」にはまったく言及していません。いや、切り捨てる立場です。たとえば、思想史の巻、あるいは民衆世界を扱った巻などは、比較的新しい問題意識を取り込みやすい枠組みをもつのですけれど、これらの巻でもそうした研究には関心を寄せていません。女性史の観点に基づく研究には触れるけれど、ジェンダーの分析になると目を向けず、植民地主義への関心はあるけれども、ポストコロニアルの議論には言及していません。思想史に関しても同様に、新しい歴史学や新しい文化史に含まれていくような考察は歴史学ではない、として切り捨ててしまっています。批判する以前に、そもそも言及がないのです。

今日は、もっぱら日本近現代史研究に即して話をさせていただきたいと思っていますが、西洋史研究や東洋史研究の場合には、これほどまでには間口が狭くなってはいません。「日本」を対象とするときに、問題がどうも窮屈になっています。日本があたまにくっつくと、歴史学のみならず、教育（史）にせよ、美術（史）にせよ、どうも内向きになり、議論が外に広がっていきません。『史学雑誌』「歴史学の成果と課題」にも同様の傾向がみられます。

なぜこうなったのか、ということを考えたときに、ナショナル・ヒストリーのもつ窮屈さに行きあたるのですが、同時に、先程申し上げたこと―「戦後歴史学」が決定的なパラダイムになっており、そこから脱却できないことによっているのではなかろうかと思っています。たしかに、人間的に世代は交代するけれども、歴史学のパラダイム自体は変わらなかったというのが、現在に至るまでの日本近現代を対象とする歴史学の状況ではなかろうかと思います。

とくに「戦後歴史学」が一元的なパラダイムとされるなかで、歴史家たちが知らず知らずのうちに身につけてしまった振る舞いです。昨年（二〇一〇年）は「韓国併合一〇〇年」に当たり、歴史学界では大きなシンポジウムが開かれました。久しぶりの大きな営みで、歴史学の底力を示し、二日間にわたったシンポジウムには五〇〇名の来場者がありました。東アジアの歴史を帝国―植民地を軸に検討しようとする意欲的なシンポジウムでした。しかし、議論のなかで標的をつくり、その標的を叩くということが私には理解できませんでした。標的の一人は司馬遼太郎でしたが、司馬の『坂の上の雲』には朝鮮問題が扱われていないというのです。

この指摘自体は、まったくそのとおりです。司馬の歴史認識の最大の問題点は、この植民地問題の欠落にあると思います。しかし、それを言うことが「韓国併合一〇〇年」のシンポジウムの論点なのでしょうか。『坂の上の雲』(文藝春秋、一九六九〜一九七二) は一九七〇年前後の作品ですから、いまから四〇年前の作品です。その作品を、いまの歴史認識を振りかざして批判することが、現在を解くことにはたして有効なのか、私には大いに疑問がありました。四〇年前の歴史家の東アジア認識も、「いま」の意識からみたときには同様の問題を抱え込んでいるのではないでしょうか。加えて、司馬自身は、その後は『坂の上の雲』とは異なった歴史認識を持つようになるにもかかわらず、です。

二一世紀の歴史学として、そのようなやり方でよいのだろうかと私は思います。韓国併合を歴史的に考察し、「いま」に問題を投げかけるとき、誰かを標的として、そしてその相手を叩くことによって自らの歴史意識を弁証するという議論の仕方では、歴史学としては貧しい議論となるでしょう。韓国併合を考察するならば、一九世紀半ばからの非対称的な歴史状況、戦後における日韓の歴史認識の相違に着目し、あらためて東アジアという場のなかで議論を組み立てるということが肝要であると思います。韓国と北朝鮮 (朝鮮民主主義人民共和国) の歴史認識の差異を、どのように組み込むか、という困難な問題もあるはずです。それが、行きつくところ司馬遼太郎『坂の上の雲』批判では、問題がうまく見えてこないでしょう。

あらためて考えてみれば、このような振舞い方は、冷戦体制下における認識と行動様式であると思います。冷戦体制下においては、確かに私—われわれとは異なる相手を想定し、その相手を叩くことによって自己の正当性を主張するという作法がありました。現実の政治においても、そうした思考から戦略が立てられていました。

歴史学の場合ですと、相手を反動的・保守的、あるいは実証主義的な歴史学であると名指して、自分 (たち) は、逆に批判的・革新的で科学的な歴史学であるとしてきました。立場性を重視するのですが、「こうではない」と「ない」ということを標榜しながら議論を立てることを、作法の一つとしてきました。

そうした作法は、冷戦体制が崩壊するということとともに有効性を失うのですが、いまだにそうした作法—メンタリティと言うべきでしょうが、続いているように思います。歴史学界には、そうした保守的な心性がいまだにあり、新たな認識や新しい議論に対する不信、警戒が先立っているように思います。いまだに「われわれ」の歴史学と「かれら」の歴史学、非「われわれ」の歴史学という二分法があるように見えます。これが「戦後歴史学」を軸としたときに見えてくる、歴史学をめぐる「いま」の状況です。

こうしたとき、政治学系、経済学系、国際関係論的な歴史学に関しては、私自身は不案内ですから、今日の議論の外側においています。外部から大づかみに言えば、政治学系では新しい世代が登場してきて、新しい歴史像ができていると思いますし、経済学系はパラダイムをめぐって苦労している様相があるようです。国際関係論的な歴史学ではパワーポリティクスが持ち出され、批判的な国際論的な歴史像を描くのはなかなか厄介な状況になっているのではないかと思います。しかし、なにせ、これらの領域においては作品をていねいに追っておりませんので、後ほどご指摘をいただければと思います。

「戦後」における歴史学の推移

遠山茂樹『戦後の歴史学と歴史意識』

以上のような観察と認識をもちながら、戦後における歴史学の戦後史を素描してみたいと思います。すでに繰り返し語ってきましたが、戦後における歴史学の主潮流となったのが「戦後歴史学」です。この「戦後歴史学」を考えるために史学史を補助線としてみます。「戦後歴史学」の問題意識によって「戦後歴史学」の歴史を描いた史学史として、ご承知の遠山茂樹『戦後の歴史学と歴史意識』（岩波書店、一九六八）があります。ちょうど「戦後歴史学」がいわば一つの曲がり角――再編期を迎えたときに出された著作ということになります。

この著作は、「戦後歴史学」を領導して来た遠山が、その「戦後歴史学」を描くもので、当事者による総括であるとともに、歴史叙述ともなっており、いまだに読み応えのある著作です。「戦後歴史学」がまだ自信をもち、「戦後歴史学」こそが正しい、唯一の歴史学であるとし、そのことについていささかも揺らぎをもたない時期に書かれました。そのゆえ、『戦後の歴史学と歴史意識』は、戦後歴史学の中核である歴史学研究会の歴史、それももっぱら大会の分析を行い、それを戦後の歴史学として論じています。「戦後歴史学」と戦後の歴史学・歴史意識がイコールとされています。

そして、歴史学研究会の大会について、遠山茂樹は、社会経済史を基軸とする方法を前提としていたことを指摘します。社会経済史を分析であると同時に、科学的歴史学（＝「戦後歴史学」）の必須の方法として取り上げています。科学的歴史学が戦後の歴史学であるべき、という命題になっているのですが、社会経済史の重視は、社会構成体として社会を把握し、その社会構成体がもつ矛盾が階級闘争として出現するという考え方となります。また、社会構成体は上部構造と下部構造に分かれているとも言い、お手本通りの唯物史観が主張されます。その唯物史観に則って、歴史学研究会の軌跡を状況と関連づけながら分析するのですが、それを「戦後歴史学」の歴史として描くのが遠山茂樹の立場です。

そのときに西洋との比較をすることと、内在的な発展を探ることが、歴史学研究会の問題意識の推移であったことは見逃せません。内在的発展とは一国史観です。また、西洋との比較は、あるべき近代のモデルを設定し、それとの関係で日本の歴史を測るという姿勢です。したがって、アジアがその対極に置かれますが、アジア的停滞史観にならないように西欧と比較をする、ということが歴史学研究会では強調されます。

こうした歴史学研究会の認識と実践は、戦後における歴史学の出発としては一つのコースとして必然であり、実際にこの作法が有効であり、歴史像としても同時代的にはリアリティがあったでしょう。このことはいいのです。論点となるのは、一九六八年に遠山が歴史的な総括をしたことを、いまに至ってもそのまま肯《がえ》んじていることです。さらには、いま、『戦後の歴史学と歴史意識』を読むとき、遠山のあげる事例と評価を、戦後の歴史学の総括としてそのまま受け取ってよいかということです。いささか誤解を受けそうな言いかたとなりますが、「戦後歴史学」に集約されないような、戦後の歴史学のありようや、遠山とは異なった評価をしながら、『戦後の歴史学と歴史意識』を読む時期に来ているのではなかろうかということです。

その問題に関わって、『思想』（二〇一一年八月）の座談会「戦後歴史学の流れ」では、小沢弘明さんは、戦後の歴史学の出発を「民族民主革命の歴史学」として把握しています。小沢さんは東欧の歴史を専攻しながら、歴史学全般に目を配る優れた歴史研究者です。歴史学研究会の問題意識を引き継ぎ、戦後の歴史学を、やはり「戦後歴史学」と重ね合わせます。そのうえで、「民族民主革命の歴史学」とあらためて言うのです。遠山茂樹と小沢さんが言っていることを考え合わせてみますと、歴史学研究会が見据えていたのは、近代日本における前近代的な要素の重視であったように私には見えてきます。

戦後の歴史学としての「戦後歴史学」が問題化しようとしていたのは、日本の特殊性という観点から近現代日本史を把握することです。その場合の特殊性とは、日本の近代がヨーロッパと比べて封建的な要素が多く残っているということ—このことを特殊としていきます。別の言い方をすれば、明治維新によってできあがった国家は、近代国家ではなくて明治国家であるとする認識です。また、そうした日本の支配様式は、立憲君主制ではなくて絶対主義天皇制であるという把握です。

こうした特殊性に基づく日本の把握が、歴史学研究会が主張する認識となります。つまり、アジア・太平洋戦争の敗戦によって、特殊性の象徴であった寄生地主制が解体され、人格が損われていた労働者の権利が認められ、労働三法が施行されていくという敗戦直後の認識が、特殊性の歴史認識を確信させていました。歴史学研究会は、戦後の改革を「民主革命」とするのですが、同時に、ここには主体としての国民＝民族が設定されています。本来なら「国民」であるべき人びとが、「臣民」とされるような前近代性―日本の特殊性を、敗戦後の状況のなかでリアリティとして感知し、歴史的に投影していく歴史像であったと言えましょう。

鹿野政直　『「鳥島」は入っているか―歴史意識の現在と歴史学』

ですから、「戦後歴史学」の歴史認識は、出発点においてはそれなりのリアリティがあったはずです。リアリティとともに、そのことがばねとなり現実への働き掛けを促すこととともなりました。しかし、この「戦後歴史学」の認識は、その後の高度経済成長の変化にうまく対応できません。階級や闘争、さらには日本近代の前近代性という議論にリアリティを欠くような事態が出現してきます。これまでのような日本の特殊性という認識では対応できない状況が生じます。言葉を換えれば、一九七〇年前後には、「戦後歴史学」は再編を余儀なくされることになります。

さて、この一九七〇年前後の再編と言ったとき、一九六八年の状況をどのように捉えるのかという問題が一方にあります。むろん、高度経済成長をどのように捉えるのかということが主要にあり、この二つの問題に歴史学は直面します。

このとき、歴史学研究会を中心とする「戦後歴史学」はどのように再編成をしたかというと、いままでの「階級闘争」から新たに「人民闘争」へという流れを提唱します。人民闘争史研究を、歴史学研究会が中心になって一九七〇年前後に主張するのですが、階級に切り詰められない広範な「人民」の闘争を歴史のなかから発掘していくという問題意識です。労働者階級にとどまらず、中間層や新中間層、あるいは雑業層にまで目を配り、幅広い多様な運動に着目して、帝国主義に対抗する統一戦線を見出そうというのが基本的な発想であると思います。

一九七〇年前後には、いままでの歴史研究は「三二年テーゼ」（一九三二年コミンテルンで決定された「日本における情勢と日本共産党の任務に関するテーゼ」）に偏りすぎており、いまいちど、反ファシズムの統一戦線テーゼ、ディミトロフ・テーゼを再検討してみよう、などという議論が盛んになされていました。いってみれば政治主導なのです。あるいは政治史主導ということになるでしょうが、現実との緊張関係をこのように認識し、再編成の旋回軸を設定したのです。

中村政則さん、江口圭一さんといった方々がその代表者です。江口さんは三二年テーゼ批判を行い、新たに統一戦線テーゼでもって歴史像を描くことを実践します。一九一〇―二〇年代の日本において「非特権ブルジョワジー」という概念を出し、彼らを人民のなかに入れ、幅広い抵抗主体を検出する研究を行います。この再編成の中心になったのは、「戦後歴史学」でいうと第二世代です。第一世代は遠山茂樹や井上清ら一九一〇年代生まれの歴史家たちですが、一九七〇年前後には、この遠山茂樹や井上清に次ぐ第二世代の人たち―中村政則や江口圭一らが人民闘争を提唱し「戦後歴史学」の再編成を行っていきました。

このとき、依然として科学を標榜し、社会科学を志向することが歴史学の正しさを弁証するという志向が、「戦後歴史学」の再編のなかに盛り込まれていたことは重要です。歴史学は人文学ではなくて社会科学であり、そのことが歴史学の正しさを証明するとします。

一九七〇年前後は、このように「戦後歴史学」が再編される時期になりますが、同時にもう一つの動きがあります。「民衆史研究」の台頭です。「民衆史研究」とは、「戦後歴史学」が一九七〇年前後の状況に対応しえなくなっていることを念頭において、「人民」ではなく「民衆」という概念を前面に出してきます。「民衆史研究」は「戦後歴史学」に違和感をもちながら、しかし「戦後歴史学」と敵対することなく歴史像をつくりあげていこうという潮流です。

私なりの「民衆史研究」の史学史的な見解は、「違和感をかざす歴史学」(『思想』二〇一一年八月。のち、『歴史学のナラティヴ』、校倉書房、二〇一二に所収)に記しました。そのなかで、「戦後歴史学」との関係を、いくらか具体的に指摘しました。「民衆史研究」といったときには、ご承知のように色川大吉さんを筆頭に、安丸良夫さん、鹿野政直さん、ひろたまさきさんたちの名前が挙げられます。そういう「民衆史研究」の面々からみれば、戦後の歴史学の歴史は、遠山茂樹の描いた史学史とは異なってきます。その代表として、鹿野政直『「鳥島」は入っているか』(岩波書店、一九八八)を挙げてみましょう。「民衆史研究」という立場から歴史学をみたときに、どういう史学史の光景が立ちあがってくるかを描いた書物です。

特徴的なのは、『「鳥島」は入っているか』という鹿野さんの史学史の副題が「歴史意識の現在と歴史学」とされていることです。遠山茂樹『戦後の歴史学と歴史意識』では、まず歴史学があってそののちに歴史意識があるとされています。それに対して鹿野さんの場合は、歴史意識があってそれを受けて歴史学があるという認識です。つまり、遠山茂樹は、歴史家による歴史学が歴史意識をつくりあげていく、歴史意識を引っ張っていくとしており、啓蒙的な姿勢になっています。それに対して、鹿野さんのこの著作は、人びとの歴史意識がまずあって、その歴史意識を代弁したり言葉にするところに歴史学の役割があるという認識になっています。

ですから歴史学の位相や、歴史学と歴史意識、あるいは歴史学と人びととの関係は、遠山と鹿野さんとでは大きく異なり、ある局面においては逆転していることになります。「戦後歴史学」に違和感をもちながら、「民衆史研究」が出発しているということは、こうした認識を指してのことです。そして、実際にこの本をみてみますと――もっぱら一九七〇年代の終わりから一九八八年までの歴史学の総括をしていますが――、歴史学研究会に軸足を置きません。いや、むしろ歴史家以外の作品にできるだけ目を配ろうとしています。

加えて、遠山の『戦後の歴史学と歴史意識』がクロノロジカルに一九四六年の歴史学研究会の大会、一九五〇年の大会、一九五五年の大会と論じて行くのに対して、鹿野さんの史学史は問題系別になっています。

すなわち、一九七〇年代の後半から一九八〇年代にかけて歴史学が問題にしたのは、「戦後意識」であり、さらに「人間論」を扱い、「日本文化論」を論じてきたと総括してみせます。鹿野さんは、同時に岩波新書で女性史研究の動向を論じた本を出していますが（『婦人・女性・おんな』、一九八九）、それも同じ認識に基づいていますので、プラス「女性」とすることができます。つまり一九七〇年代後半から一九八〇年代にかけては、歴史学―日本近代史研究が問題としたのは、戦後論、人間論、日本文化論、女性論であるというのが、鹿野さんの認識です。そのことを指摘するとともに、歴史学の自己点検としてそれを論じて行くところに、鹿野さんの本の要があります。繰り返しになりますが、歴史家の作品もむろん取り上げられているものの、しかしそれにとどまらずに多くの著作に目配りをして、人びとのもつ歴史意識に迫ろうとしています。歴史意識に迫ることが日本の近現代史を考えていくことであり、一九七〇年代の後半から一九八〇年代の歴史学を考えた場合には、こうした目配りと射程、さらにはかかる方法によらなければならないのだと主張する作品になっていると思います。つまりは、「民衆史研究」という立場からの史学史です。

さて、この鹿野さんの本に対して「戦後歴史学」、つまり歴史学研究会を中心とする歴史学界はどのように対応をしたかというと、やり過ごしました。つまり、存在は認めるけど、見て見ぬふりをした。つまり、私に言わせれば、いつものやり方で対応しました。衝撃的な本だけれど、そのときには論評しないで、後でこっそり取り込むというやり方で、正面きっての異論は提示しなかったのです。後で申しますが、三〇年経ってようやく論評し始めるというやり方です。「戦後歴史学」は、異なったパラダイムが出てきたときに、きちんと向き合おうとしません。この点は、日本を対象とする、と冒頭で述べた限定をつけた方がよいかもしれませんが。

ただ厄介なことは、この「鳥島」自身も変化しているということです。鹿野さんの立場自身も変化している。この点に関しては、同じ『思想』（二〇一〇年八月。前掲、『歴史学のナラティヴ』所収）に「三つの鳥島」として寄稿しました。鹿野さんが歴史学の自己点検を「鳥島」を持ち出して行う営みは、一九七七年、一九八八年、そして二〇〇八年と三回なされており、少しずつ内容を異にしていることを指摘しました。鹿野さんの批判、というか違和感を向ける対象がそれぞれに異なってきており、いちばん最初の「鳥島」がもっとも批判力と衝撃力が強かった、とちょっと悪態をつきました。ですから、歴史学の状況は一筋縄ではいきません。

もう一点、鹿野さんの『「鳥島」が入っているか』について補足しておきます。この本が扱った時期と重なる一九七〇年代後半から一九八〇年代にかけては、日本に「社会史研究」が入ってきた時期にあたります。「社会史研究」が戦後の歴史学界にもった意味は大きなものだと思いますが、実は、この鹿野さんや安丸良夫さんといった「民衆史研究」の人々が、近現代日本を対象とする「社会史研究」を代理していたと私は考えています。

中世史研究では網野善彦さんが「社会史研究」ということを盛んに言われたのですが、さて近現代史研究の場合に誰が主張し社会史研究を行ったかというと、「民衆史研究」の人だっただろうと思います。

安丸さんは『監獄の誕生』（朝日新聞社、一九九五）という、まさにフーコーと同じタイトルの書物を著しますし、鹿野さんは『健康観にみる近代』（朝日選書、二〇〇一）という衛生や身体をめぐる日本近現代史を描きました。「民衆史研究」の論者として、ひろたまさきさんがいますが、ひろたさんは差別の問題に正面から取り組み、そこから日本の近現代がもっている問題性をえぐりだしていくという歴史像を提出しました。ここではもう日本の特殊性という問題設定は消えてしまいます。日本における監獄の誕生によって、これまでの近世的な犯罪人の囲い込みと、近代的な囲い込みの間に切断ができるという主張であり、あるいは身体をめぐって、身体こそが日本の近代、現代における政治の焦点になることを論じて行きました。

つまり監獄の設置や衛生政策が日本の近現代の焦点の一つであることを、多くの史料によって示していきます。アナール派をはじめとする「社会史研究」と問題意識を共有しています。あるいは差別という問題系が日本の近現代の再検討をもたらすとして、これまでの封建的な残存としての差別ではなく、近代がつくりだした差別という観点から差別問題を考えていくことを提唱しました。近代のもつ共通性、および近代の歴史性に分析の焦点を求めたのです。

一九九〇年代以降の歴史学のありよう

これまで話してきたのは、一九七〇年ごろにおける歴史学の再編成の動向の様相です。「戦後歴史学」が再編されるなか、「民衆史研究」の活性化により、新たな論点が出されてきたということです。しかし、一九九〇年代以降現在にいたるまで、もう一回歴史学は変わっている――新たな潮流と動向が見られるのではなかろうか、というのが私の観察です。

いくつかの徴候と論点があります。一つは、「戦後歴史学」のなかから、冷戦体制が終わったなか、いま一度、歴史学のありようを考え直さなければいけないのではないかという動きが出てきたことです。歴史学研究会も、「戦後歴史学」という言い方をやめて「現代歴史学」という言い方をし始めています。「戦後歴史学」からすると、一九七〇年を挟んでの再々編になりますが、一九七〇年前後の再編は、それまでとの連続性を重視したうえでの再編であり、断絶はまったく意識にありませんでした。「戦後歴史学」のパラダイムの変更の必要性をまったく認めていないのです。で、一九九〇年代に入って冷戦体制が終わり、「戦後歴史学」をもう一度再編成しようとしたときにはどうかといえば、ここでも転換の必要性は認めていません。パラダイムを保持したままで、しかしいままでのようなやりかたでは駄目だという意識です。これが、「現代歴史学」といったときの意味内容になります。嫌味な言い方をすれば、「戦後歴史学」の延命としての「現代歴史学」の提起です。

二つ目は、「民衆史研究」に関わっての話です。先程「三つの鳥島」の話をしましたが、「民衆史研究」も一九九〇年代に入って大きく変わってきています。もう少し正確な言い方をすると、「民衆史研究」が分裂したのです。鹿野政直さんとひろたまさきさんは、一九九〇年代以降の歴史学のあらたな動向に対して強い苛立ちを示していきます。鹿野政直さんは、本来、穏やかな方ですけれども、このときばかりは強い言葉で、一九九〇年代以降の新しい歴史学のありようを批判します。ひろたまさきさんは、一九九〇年代以降の新しい歴史学は「民衆」という存在をないがしろにするものだ、と強い言葉で批判します。そのなかで、安丸良夫さんだけが、まだ「民衆史研究」の立場を保ちつつ（と自ら言いながら）、一九九〇年代以降の新しい歴史学に歩調を合わせようとしていきます。

つまり、「民衆史研究」が一九九〇年代以降分裂してしまいます。言い方がちょっと難しいのですが、「社会史研究」に代表されるような、一九九〇年代以降の新しい歴史学をどう評価するかをめぐっての分裂です。

ですから、「社会史研究」を「民衆史研究」が担ったと言いましたが、一九九〇年代以降になると、担ったということ自体を否定する発言をし、鹿野政直さんやひろたまさきさんは「社会史研究」とは異なった認識を表明していきます。このことは、新しい歴史学としての「社会史研究」の側から言えば――「社会史研究」の内容についてはまだ全然お話していないわけですけれども――、社会史研究が一九七〇年代後半に登場して以来、一九九〇年代にはそれ自身、変わったと考えたほうがいいのではないか、ということでもあります。こうして、一九九〇年代以降の歴史学は、一九七〇年前後についで大きな再編をみせていると思います。

「現代歴史学」の抱える問題点

以上の点について、まずは「現代歴史学」批判という観点から整理してみましょう。「現代歴史学」は、すでに述べましたように「戦後歴史学」の再々編です。しかし同時に指摘しましたように、「現代歴史学」は、従来の課題を引き継ぎ、新しいパラダイムへと至ってはいません。すなわち、私は二一世紀の歴史学として、「現代歴史学」が問題点を抱えていると思っています。どのような問題点を抱えているかというと、一つは、歴史における認識、方法、叙述、イデオロギーといった要因の分節化がいまだになされていないということです。

「戦後歴史学」と言ったとき、歴史の認識と歴史を分析する方法、歴史の叙述、そして歴史学がもつイデオロギーというそれぞれが一体のものとなっていました。これらの要素がひと固まりのものとして、「戦後歴史学」が存在していました。一番重視されているのは歴史認識です。「戦後歴史学」では、正しい歴史認識をもつことが重視され、そのために科学的な方法、つまり唯物史観の方法が提唱されてきました。そうすると、歴史における叙述は二の次、三の次の問題とされ、さらに自らはイデオロギーから超越しているように振る舞いました。客観的で正しい歴史、真実の歴史が、「戦後歴史学」の認識と方法によって明らかにされうるというのが、そのまま「現代歴史学」の立場に引き継がれます。

この点は、実は一九七〇年の再編成でも手がつけられていない点です。「戦後歴史学」のレーゾンデートルであるはずの冷戦体制が崩壊した後も、この分節化はなされていません。依然として正しい歴史認識が大事であり、それに方法がついてくるという発想なのです。したがって、歴史叙述がもっている意味、それから歴史学がもっているイデオロギー（性）に関しては、「戦後歴史学」「現代歴史学」ではまったく議論が及びません。叙述への無関心と、無関心のイデオロギー性が、「現代歴史学」にまで入り込んでいます。その意味において、いまだ「戦後歴史学」のパラダイムは変わっておらず、そことの切断もないと論じた次第です。

このことは、別の言い方をしますと、言語論的転回への無関心ということでもあります。叙述の軽視ということ自体がそもそものことを示していますが、権力論に関しても同様です。「戦後歴史学」「現代歴史学」では固有の実態としての国家権力を前提として、さまざまな議論を開始します。確かに国家権力は存在するのですが、それが発動されるときには、さまざまな回路と装置が用いられ、とくに関係性のなかに権力が入り込むことは見逃せないでしょう。関係性のなかの権力とは、新しい権力論になります。そうした点への関心を「現代歴史学」は欠いています。あるいは、対象としての「日本」や「日本人」を自明視して議論を始めたり、何よりも「事実」というものがあらかじめ客観的に存在していることを信じて疑わない…。「事実」の客観性、「真実」の存在を言い、誰がみても事実は事実だ、ということに固執しているのです。つまり、科学的な認識と言ったとき、それゆえに、「現代歴史学」では多様な解釈は認めないのです。

ちなみに、安丸さんは、「社会史研究」は一九七〇年代後半の構造主義革命に対応しているとの見解を示しています（『思想』二〇一一年八月）。「現代歴史学」との距離が、よくうかがえる発言でしょう。安丸さんの考えでは、戦後の歴史学は一九七〇年代前半で大きく二分される。つまり、ここで構造主義革命があり、前半の歴史学と後半の歴史学ではまるで違うと言います。そして、言語論的転回を安丸さんは引き受け、そのゆえに権力論の転換、事実をめぐっての複雑な問題、あるいは日本が近代によって構成されることなど、構築主義やさらに表象の問題にも分け入っていきます。

一九九〇年代の安丸良夫と、一九九〇年代の「現代歴史学」とでは大きな差異がみられますが、この差異は歴史学のありようからはじまり、さらに認識、方法、叙述、イデオロギーの考え方に至るまですべてにわたっているであろうと思います。

このように考えてみると、安丸さんの立場は、「民衆史研究」からすでに「社会史研究」に本格的に入りこんでいます。となると、「現代歴史学」が一方にあり、「社会史研究」が他方にある。そして、全然話をしませんでしたが、歴史修正主義というのがこの時期にはびこっているわけで、一九九〇年代以降は、この三派の鼎立という様相を呈することになります。実証主義の世界を加えると、三派、四派があるという状況です。

話を「現代歴史学」に戻しますと、「現代歴史学」は、「近代」を大切にする、あるいは「近代」に固執しています。それに対して、「社会史研究」は「近代批判」の立場に立ちます。歴史修正主義のよって立つ価値を「復古」とすると、「近代」、「近代批判」、「復古」という立場に立つ歴史学の潮流が互いに対立し、重なりあい、補完しあいながら鼎立している状況に一九九〇年代以降はなっているのではなかろうかと思います。もっとも、世代の観点を加えれば、もう少し見取り図を複雑にする要因もあります。すなわち、「現代歴史学」を支持しつつもそこからはみ出すか、それをいわば内部から批判する若手も、「現代歴史学」グループから出てきているように思います。植民地研究、沖縄研究などを志している若手のなかから、こうした人たちが出てきているように見えます。

「戦後」と「戦後後」における歴史学

さて、いままで話してきたのは、敗戦後に「戦後歴史学」が誕生し戦後の歴史学の主潮流となりますが、一九七〇年ごろに「民衆史研究」が活性化し、あわせて「戦後歴史学」自身が再編されたこと。さらに一九七〇年代後半から一九八〇年代にかけて「社会史研究」が大きな影響力を持ち、一九九〇年代に至ると新たな段階となったことです。一九九〇年代の新しい歴史学は「文化史研究」と呼ばれることもあります。このように見てきたとき、この四つ――「戦後歴史学」(「現代歴史学」)、「民衆史研究」、「社会史研究」、「文化史研究」をどこで線引きをし、どこで切断を見るか、またその内容をいかに把握するかに関しては、それぞれの歴史家によって見取り図が違ってくるでしょう。

「現代歴史学」の立場から考える歴史家は、「戦後歴史学」と「民衆史研究」とを連続したものと考え、「社会史研究」や「文化史研究」を歴史学以外のものとして捨象します。冒頭で申し上げた『展望　日本歴史』の編者たちは、この立場をとるわけです。

「民衆史研究」の歴史家たちは、論者によって差異があり、一口で言うのは難しいのですが、例えば鹿野政直さんは「戦後歴史学」に違和感をもちながら、しかし「社会史研究」との間の差異をもっと大きいものとして把握していきます。鹿野さんは、「現代歴史学」の論者たちと同じように、「戦後歴史学」と「民衆史研究」を接近させ、「社会史研究」との間に切断をつくり、自分はそこには与しないとします。他方、安丸さんは、同じような認識を持ちながら、「社会史研究」といいますか、一九九〇年代の歴史学に与することになると思います。しかし、「文化史研究」という立場に立つと、「戦後歴史学」も「民衆史研究」も「社会史研究」も同じようにみえてしまうということになるでしょう。一九九〇年代以降の歴史学の様相は、とても難しい複雑な状況になってきていると思います。確実なことは、日本近現代史を対象とする歴史学の世界では、「民衆史研究」が綱引きの材料になっているということです。

と言いますのは、「民衆史研究」の人たちのほとんどは、一九三〇年代前半の生まれです。色川さんは少し年長ですが、そして色川さんはさっさと「社会史研究」に見切りをつけていますから、主力は、安丸、鹿野、ひろたさんといった一九三〇年代前半の生まれの方たちです。この方たちの遺産を、遺産といったらいけませんが、仕事をどのように評価し、継承するのかがいま問われています。「現代歴史学」と「社会史研究」とに足場を置く人たちの間で綱引きがある、ということになっているでしょう。

焦点としての「民衆史研究」と、方法としての史学史

さて、「民衆史研究」といったときのレーゾンデートルは、「人民」ではなく「民衆」にあることを先に指摘しました。それは、鹿野さんの言い方を借りれば、「にとって」と「される側」の歴史を考えるということです。

つまり、「戦後歴史学」が社会構成体を対象とし、歴史叙述の主語にしたとき、「民衆」「にとって」の歴史を考

え、歴史において「される側」の立場に立つことが、「民衆史研究」の眼目になります。この観点から、「民衆史研究」は「戦後歴史学」に違和感をもっていたわけですけれど、「社会史研究」が登場するに及んで、「社会史研究」が「民衆」をないがしろにしているとします。先に指摘した点ですが、鹿野さんやひろたさんはこの点から「社会史研究」に対して距離を示していきます。

こうしたなか、当の「民衆史研究」が、「社会史研究」に距離を示していることを一つの根拠にして、「現代歴史学」が「民衆史研究」に接近していきます。大門正克さんは「現代歴史学」を提唱するにあたり、「民衆史研究」の成果を重く見ています。

大門さんの名前を唐突に出したのは、大門さんが小学館版の『日本の歴史』（二〇〇七~二〇〇九）および、『ジュニア版　日本の歴史』（二〇一一）の編集と執筆に当たり、一九九〇年代以降の歴史学を考えるうえで、重要な役割を果たしているからです。大門さんは、鋭敏な歴史家として、通史を執筆するとき、認識と方法と叙述を分節することを言い、叙述の重要性をはっきりと意識しています。しかし、このとき、「社会史研究」が提起した問題はスキップし、「民衆史研究」の課題を引き受けようとしているように見えます。そのような問題意識と叙述と方法によって、日本の戦中・戦後史を叙述しているということです。

つまり大門さんは「生存」を主題とすることが、いまの歴史学の課題だといいます。鋭い問題提起で、「生活」ではなく「生存」を歴史的に問題化しようとします。あわせて、人びとの「絆」を持ち出します。人びとの絆に着目したのは、ご承知のように「社会史研究」の牽引者であった二宮宏之さんです。この絆に大門さんは着目している。しかし、二宮さんは絆を言うときに「しがらみ」とセットで論じています。人と人とのつながりは両義的であるとし、二宮さんにおいては「絆」はかならず「しがらみ」と合わせて論じられるのです。しかし、大門さんは、絆というポジティブな側面に力点を置いています。

「生存」の問題に対しても同様です。人びとの「生存」が損なわれるなかで、どのような国家補償があったかを追求し、国民保険ができあがることを言います。さらに、地域に入り込み、たとえば岩手県沢内村では、戦後に人びとの「生存」をかけた防衛の試みがなされたことを論じて行きます。

このように見たとき、大門さんが明らかにしようとしているのは、方法的にも、課題のうえでも、「民衆史研究」に接続している―「民衆史研究」の問題意識や方法を引き継いでいるとみえます。フーコーの生権力をもちだすまでもなく、現代の権力論が明らかにしているのは、人びとの生存の序列化を遂行する権力の存在です。生きる価値がある人間と、生きる価値がない人間とを分別する点に現在の権力のおぞましさがあります。現代の生存といったとき、生存に入りこむ、こうした権力の恐ろしさがあるわけですが、大門さんはここには立ち入らない。

つまり「社会史研究」の指摘する焦点には立ち入らず、むしろ「民衆史研究」を援用していくというのが、「現代歴史学」の代表的な歴史家としての大門さんの叙述ということになりましょう。換言すれば、「現代歴史学」に代表されるような―これは「民衆史研究」も含みますが―歴史学は、近代化批判を問題意識の中心に据えていました。しかるに、近代批判の歴史学に対しては警戒心を持ち、かかる「近代批判」の歴史学とは手を結ばないという姿勢が見られるように思います。「現代歴史学」、「民衆史研究」による歴史学のなかの差異の認識―一九九〇年代以降の歴史学の争点は「近代批判」をめぐってあるように思うのです。

九・一一、三・一一、あるいは八・三〇

問題を別の観点から整理し直してみましょう。二〇〇一年にいわゆる同時多発テロ（九・一一）がありました。また二〇一一年には東日本大震災による大津波と原発事故（三・一一）という出来事がありました。あるいは、二〇〇九年の政権交代（八・三〇）がありました。二一世紀に入ってから、「近代」や「戦後」を再考するうえで、

その転換点になるような、あるいはその地点に立ったとき戦後史の文脈が異なって見えてくるような地点がいくつも出てきています。そのようななか、どの位置に立ち、どこを画期とするのか。そして、そこを画期として、どのような論点を導き出すかによって歴史認識と歴史叙述が異なってきます。すなわち、歴史を学ぶ者にとって、どの立場と拠点に立つのか、そして何を問題にするのかが問われています。

ただし、このような問題提起には前提があります。歴史が解釈という行為によって営まれているということです。つまり、いま話したことは、立場により、拠点により描く歴史像が異なることであり、立場と拠点の推移により、歴史が書き替えられるということです。その前提があっての提言になりますが、「現代歴史学」となると、そのことは認めつつも必ずしも納得していない節があります。歴史を解釈行為といったとき、すべての解釈が可能になってしまうとか、事実は事実だろうという議論が、まだまだ消え去ってはいないのです。「現代歴史学」との議論の難しさは、こうした根本的な問題をはらんでいます。

こうして、歴史学をめぐって、いくつもの論点が浮上してきています。これまで、歴史学はリーディング・サイエンスとしてふるまってきました。実際、敗戦後から一九五〇年代にかけては、さらに一九六〇年代にも歴史学は大きな役割を果たしました。しかし、いまや、歴史学はなかなか苦しい状況にあります。歴史学の知恵を借りなくてもよいかのような状況が現れてきています。歴史学に携わる一人として、なんとも残念なことです。

変革主体を強調する「戦後歴史学」から、戦後の歴史学は出発しました。「戦後」におけるその営みは、冷戦体制のなかでのリアリティを有していました。しかし「戦後」のいま、冷戦体制後へと推移するなかで、歴史学はどのようなリアリティを追及すべきなのかが問われています。戦後の歴史学は、批判的主体を重視してきました。その立場からのリアリティの追及です。困難な営みの作業ですが、その志ゆえの葛藤のなかに、いま歴史学があると思い、このような話をさせていただきました。どうもありがとうございました。

質疑応答

雨宮　成田さんの言ったことはほとんど僕の戦後体制で翻訳可能なんです。
福永　雨宮理論は後ほど聞くので。私は鹿野さんのころに大学に入ったんです。鹿野さん、安丸さん、ひろたさんを割に勧められました。
成田　なるほど。鹿野さんやひろたさんには、失礼な言い方となりますが、最初は、「民衆史研究」学派は、異端までとは言わずも、歴史学の周縁に位置していたと思います。しかし、次第に歴史学研究会側も認知せざるをえなくなり、認知のうえで包摂しようとしていきます。そしていまや歴史学界の真正面、ど真ん中にいるというのが私の認識です。でも当の鹿野さんや安丸さんたちは、自分たちはいまだに異端だと思っている節があり、そのギャップが大きいんです。
福永　鹿野さんはあの沖縄について書いた…？
成田　そうです。ある時期から沖縄研究に力を傾けられました。最初に関心をもたれ、調べ始めたのは、ほぼ一九七〇年代半ばからです。『「鳥島」は入っているか』とは、島尾敏雄のヤポネシア論を、鹿野さんなりに解釈したタイトルです。島尾が、「中央」に目を奪われ、鳥島に象徴される「周縁」を切り捨ててはいないか、と問いかけたことに共振した表現です。ちょっと分かりにくいタイトルです。鹿野さんは気に入っているようですが、背景が分らないとなかなか難しいと思います。
雨宮　整理の仕方が岩波新書の一〇巻の『シリーズ日本近現代史』とちょっと違っていませんか？　あのときには戦後歴史学と民衆史と現代歴史学というふうにして、今日ずっといっていた社会史のことは現代歴史学に近いような形で整理していませんでしたか？
成田　なかなか難しい問題があって…。岩波新書のときには、歴史学の人たちに聞く耳をもってもらうために、「現代歴史学」という言い方を選択しました。歴史学研究会の用語と同じなので、歴史学の人たちに聞いてもらいやすいと判断したのです。

この場合、「現代歴史学」といったときには二つの内容があり、一つは「戦後歴史学」に比重をかけている現代歴史学、いま一つは「社会史研究」の側からの現代歴史学です。このように立場を異にする二種類の「現代歴史学」があるということです。

今日は、一九九〇年代以降の歴史学という意味で、「現代歴史学」という言い方をしました。史学史の難しさの一つに、論者によって使用する概念や用語の意味内容が異なる点が挙げられます。現代歴史学もその一つですね。

雨宮 社会史研究というのは？

成田 一九七〇年代以降、アナール派などの紹介とその影響を受けた新たな歴史学の潮流を念頭に置いています。関係性に焦点を当て、時間・空間の概念の転換や新たな対象の分析により、これまでの歴史認識に問題を投げかけた歴史学です。しかし、「社会史研究」と言ってしまっては、誤解を招いてしまう感もあります。

雨宮 今日は、フーコー的な意味での中身と方法にかなり限定された印象を受けてしまいました。

成田 その通りです。ただ、こういうことが言えると思います。たとえば、一九六〇年前後に「民衆史研究」が出発しますが、その民衆史研究は、いまから考えると前期民衆史研究となります。その後中期民衆史研究に推移し、いまは後期民衆史研究に至っていると、私は考えています。「戦後歴史学」も、一九七〇年前後で、前期戦後歴史学と後期戦後歴史学になるということですね。同様に、「社会史研究」も、前期社会史研究と後期社会史研究とに分ける必要があり、雨宮さんが指摘されたのは、後期社会史研究ということになるでしょう。

別の言い方をすれば、「社会史研究」もまたそれだけの幅があり、豊かな内容を持っているということです。いったんこのように考えれば、史学史の見取り図はもっと複雑になります。その複雑な様相を、今日は単純化して、「戦後歴史学」、「民衆史研究」、「社会史研究」と言いましたけれど、それぞれに時期区分をする必要があると思います。時期によって差異があり、相互の関係も類似点や対抗が異なってきて、史学史は動態的な様相を呈していると思います。

福永 雨宮さんは今日のお話の文脈だったら、ご自分と比べてどうお考えになりますか？

雨宮 非常に難しい問題は、名づけの問題というよりも、大きく三つの流れがあるという考え方です。戦後歴史学、民衆史研究、それからフーコーの影響を受けた言語論的なものを踏まえた現代歴史学。依然として議論されなければいけない問題ですが、ポストモダンであるということと、それから国家の問題をどうするかという問題があって、歴史に登場する主体をどうするのかという問題、主体というのは難しいのですが、主体という問題があって、民衆と国民という言葉があるじゃないですか。これは分かりやすい主体です。いままでは自明視されていたわけです。そうすると、フーコー的なものを踏まえた現代歴史学、フーコー的なものを加えると非常に非国家的で、しかも生権力という形での権力しかない。自明には存在していない権力関係です。というときにおける主体というのは、そもそもどのように右の意味での現代歴史学を主張する人たちは右の主体を設定するか、という問題をお聞きしたい。

成田　いきなり核心のところに触れられてきました。社会史研究後期の評価に関わる論点であり、三者（戦後歴史学―民衆史研究―社会史研究）の関係性に関わってきます。

つまり、「文化史研究」といいますか、後期社会史研究においては、歴史の主体をいかに把握するかが重要な論点です。言いかえれば、「戦後歴史学」に代表されるような近代歴史学は、歴史の「主体」を自明の前提として、国民がいかに形成されるか、また、対極に位置する権力がどのようなものであったのか、に関心を寄せてきました。しかし、後期社会史研究は、そのような構図自身を相対化し、さらに、歴史を叙述するような行為をも問題化します。歴史とあわせ、歴史を描く位置とその目―主体をも歴史化し歴史認識のなかに組み込もうとします。「二重の主体」といったらよいでしょうか、いや、主体を二重に歴史化するといった方が正確ですね。後期社会史研究では、そうした新たな課題が設定されますから、従来の意味での歴史の主体は「エージェンシー」という言い方で説明されます。

雨宮　アクターとエージェンシー？

成田　いや、とりあえず「エージェンシー」です。

雨宮　いや、近代的な意味ではアクターでしょう。

成田　「アクター」と「エージェンシー」と分節し、あらためて相互の関係のなかで「エージェンシー」として考察するということです。

雨宮　アクターじゃなくてエージェンシー？

成田　そうです。「主体」と言ったとき、これまでは歴史の現場において、「アクター」とされてきました。しかし、歴史を出来事とその記述と考えれば、主体もまた出来事の主体と、描く主体とを併せもつ存在になるでしょう。ともここが、後期社会史研究の出発点となっています。

に主体といったとき、主体は絶対的なものではなく関係性のなかでしか立ち現れてこないという認識が後期社会史研究のなかにあります。

いくらか飛躍させながらいうと、ここから出発した後期社会史研究は、関係性のなかで歴史の「エージェンシー」は次々と移り変わっていくとし、その移り変わっていくエージェンシーを書きとめるという、もう一つのエージェンシーがあるとするのです。こうした問題系を考えなければ、「戦後歴史学」、つまり近代歴史学がもつ呪縛から逃れえないであろうとするのですね。

そもそも「戦後歴史学」は、「変革主体」に着目してきました。歴史を変革する主体を草の根を分けても探してくるとして「人民」を探求します。しかし、このとき、歴史をみている主体のほうは無色透明とされています。歴史家というか、「私」の次元が捨象されてしまうのです。こうした思考は一九世紀以降の「近代歴史学」に貫かれており、双方の主体を同時に歴史化するということが、批判者としての後期社会史研究の核心になっています。

雨宮　それはまさにメタな問題で、メタを自覚的に操作する人間が私ですということですか？　エージェンシー自体も連結自体もどう考えるのかという問題がまったく個別的に立ち上げられるのですか？　ある集団性とか集合性を出さないと、エージェンシーの個に全部分解される、ということこそが現代批判だということはよく分かります。つまり物事を変えようとすることの絶望性というのは分かります。それと裏腹なんですけれど、それしかないと考えるのか、そこはどういうふうにみるのかですか？　つまり、メタと関わるシステム形成に集合的に誰がいかに関わるかという論点です。

成田　そこは難しいですね。雨宮さんの指摘は、むしろメタの次元を通り越して、叙述を実践したとき、どういう歴史像が描かれてくるのかという点に関わってのことと思います。

雨宮　つまり、メタじゃなければ動けないということが一方であったけど？

成田　いや。雨宮さんとの議論の前提となっているのは、歴史家の勝負どころは、どこかという話だと思います。歴史家の勝負どころは、いまのようなメタの話、メタメタの話にあるというと、歴史家には、強い違和感があるだろうと思います。逆に、歴史家は、具体的な歴史叙述でこそ勝負する、と絶えず言うし、私自身もまた、そう思っているのです。であるがゆえに、叙述を実践する際にどういう問題があるかが問われてきていると考えています。

雨宮　その場合に、メタとベタがあればベタが皆好きなわけです。実証主義は自覚しないベタで、事実そのものですから。今日話された彼らはメタなんです。しかし多様に存在する、無限に存在するメタというのは、そもそもありうるかということを言わなければいけない段階にあると僕は思うわけです。そうすると、非常にアトミスティクになりませんか?

成田　一見、アトム化しているようにみえながらも、「戦後歴史学」のメタ・ヒストリーというのはありますね。「民衆史研究」のメタ・ヒストリーもまた。いま、史学史を考えるというのは、こうした作業となるでしょう。

今日お話したのは、こうした、いわば「方法としての史学史」です。「方法としての史学史」を実践したとき、どのような歴史学の歴史が描けるのかということです。もちろん、史学史もまた、アトム化の危惧はあるでしょう。メタ・ヒストリーは、歴史家の手にかかるとベタ・ヒストリーになりかねず、「方法としての」ということがすっ飛んでしまうことがしばしばです。雨宮さんが言われる、ベタな史学史こそが、いままでの史学史であったわけです。そこを切り分けたいというのが、今日の話の出発点でした。

雨宮　それで、メタとベタを媒介するのはシステムなんだというのが僕の発想なんです。戦後体制と脱戦後体制の問題としてこの問題をみると、非常にカレントな問題がみえるわけです。方法的にいわば展望が出てくるんじゃないかと思います。僕の話はしたくなかったんですが。

つまり、メタな無限に細分化するようなシステムとは何かという問題です。しかも、メタとする個人を位置づけることは可能であるか、ということが課題になるんじゃないかと。この会は、政治学と歴史学が同じ言葉で話せるか、という問題がもともとあって、いまの問題は戦後政治学と現代政治学の問題にものすごくいろんな示唆を与えてもらえるものです。政治学では分らないけれど、問題意識は似ています。ところが、分かりやすくいうと現代政治学はやはり『レヴァイアサン』なわけです。その『レヴァイアサン』たるや実にモダンなんです。全然ポストモダンじゃなくて、モダンのきわみなわけです。この対照はすごく面白いんです。主体が、枠が国家で、民衆はそのなかの国民になるというのが戦後歴史学で、現代歴史学というからその国家の枠も、ある意味ではないようなグローバリゼーションに見合ったいわば学問だ、という話だと思うんです。

そのことをもう一度『レヴァイアサン』で考えてみると、『レヴァイアサン』のメンバーは意外にコスモポリタンで、ナショナリストよりもコスモポリタンであると思います。ある意味ではグローバリゼーションに大嶽さんも含めて非常に適応できるんじゃないですか。猪口さんなんかはナショナリストではない感じがするんです。存在自体が非常にコスモポリタン的な感じがして、意外にそこは、現代歴史学のグローバリゼーションで国家でも社会でもないという感性と通底しているんじゃないかと思います。直感的にはそんな感じがするんです。

成田　多分それは、ねじを半分巻き戻したときの議論ではないでしょうか。半分巻き戻したというのは、つまり、日本の現状を「特殊な日本」の現状であるとする考え方を意味しています。理想は「世界の普遍」ということになり、コスモポリタンにみえる…。

だから、日本の現状も実は世界の投影だと考えたとき、なかなかコスモポリタンにはなりにくいわけです。『レヴァイアサン』グループの前提としているのは、やはり日本のある種の「特殊性」であり、「特殊な日本」を普遍なものとした状態を理想として語っているのではないでしょうか。

雨宮　なるほど。意外と正しいかもしれない。

成田　だから、日本の現状は世界に規定され、「特殊」ではなくて「普遍」のなかの一形態としたとき、つまり座標軸を転換したとき、『レヴァイアサン』グループをコスモポリタンとして位置付けることが可能かという問題です。

雨宮　コスモポリタンという意味は日本の特殊性じゃないんだから、日本は別に特殊じゃなくて、極端にいえば欧米と同じだというのが『レヴァイアサン』グループです。それで成田さんが言ったような意味での日本の特殊性とか、戦後歴史学がもっているいろんなものをある意味では否定したわけです。

成田　全面的には賛同できないのですが、日本文化論の歴史に関し、青木保さんが面白いことといっていました。青木さんは、日本文化論は、日本の「特殊性」を前提とし、その否定論から始まったとする。「否定的特殊性」です。それが、一九八〇年代の日本文化論になると、日本式経営論の賛美など日本的特殊性の肯定論に転ずるというのです。しかし、青木さんはさらにつづけて、自分は「普遍的日本」を出発点として日本文化論を考察すると言います。「特殊」から「普遍」への日本把握の根幹の転換です。このとき、青木さんがいうのは、しかし普遍的日本の肯定性です。「肯定的普遍性」です。

私自身は、さらに「否定的普遍性」が考えられないかと思うので、その点で青木さんと立ち位置を異にしていますが、軸を複数にしながら日本を考察する必要があるということですね。リアリティをどこに求めるのかという現状把握に関わってきます。

雨宮　そうです。『レヴァイアサン』は普遍的日本の素晴らしさを全面肯定して受け入れたわけです。自民党支配は素晴らしいとね。

天川　ちょっと『レヴァイアサン』論はおいといて。四つの流れの歴史学の文脈では、普遍的日本というんですか、日本の特殊性は、どのようになっていると理解すればいいですか？　最初の「戦後歴史学」は近代がどこかにあって、それこそ特殊日本の後進性です。だから、青木さんについておっしゃったのと同様なことは、この歴史学に即していうとどういうようになるのでしょうか？

成田　大事な論点だと思います。基本的には、「戦後歴史学」も「民衆史研究」も「特殊日本」を批判的にみています。近代を普遍とし、日本の近代化のありようが特殊で、そのゆえに近代も特殊だと把握します。それに対し、「社会史研究」になると、そうではなく、日本近代を「普遍」の文脈で捉え、さらにその批判に入りこみます。

戦前の講座派以来、「戦後歴史学」が主要な対象とし、「民衆史研究」が引き継いできた分析対象のなかで、日本近代の特殊性の典型とされるものに「天皇制」がありました。歴史学は長い間「天皇制」を日本の特殊性として認識してきました。しかし、それを王権の一つのありようとして考えてみよう、というのが「社会史研究」の立場です。近代日本は普遍的な日本であり、近代の功罪を享受した場所として把握し、それを批判的に検討するのが社会史研究の立場です。このとき「戦後歴史学」からみると、「普遍的」といった瞬間に、日本の現実を手離しているし、日本の現状を肯定的に把握しているとみえてしまうのですね。厳しい論点として「特殊」性の議論はあります。

天川　普遍的なものとして見ていくということは、外国の歴史学とか、そういう方法の影響みたいなもの、先程フーコーの話がありましたが、外での知的な潮流を日本史研究においても受け入れて考えていく、ということがあるわけですか？

成田　二つのことが言えると思います。一つは、「普遍的」という認識は、高度経済成長を経た日本のもつ自己意識ということです。いまにしてとても奇妙なことですけれど、一九七〇年、私が大学に入学して歴史学を勉強し始めたとき、そのときでもまだ日本の「半封建制」と言っていました。日本近代は遅れて歪んでいるというのが基本的認識であり、近代日本のなかの諸問題は、前近代の要素が一掃されず残っていたからだとされていました。つまり、日本は真の意味で（このフレーズもよく用いられていました）近代化していないと言うのです。けれども、一九七〇年の時点で、日本の近代が遅れているというのは、どうにもリアリティを欠きました。日本の現代の説明のしかたを変えること―高度経済成長を経た日本をいかに説明するのか、という問題が一つあります。

いま一つが、天川さんの指摘される外国の歴史学の影響です。とくにアメリカの日本研究の影響が一九九〇年代に大きく見られます。現在のアメリカの日本研究は、ライシャワーから考えると第三世代に当たります。ライシャワーの議論を「近代化論」とすると、ベトナム戦争のころに近代化批判が出てきます。

天川　修正主義ですね。

成田　はい。アメリカにおいて修正主義が登場してくるんです。それが第二世代とすると、いまは第三世代で、先程の言い方をすると「近代批判」の潮流が出てくるんです。第三世代の主張は、そもそも日本研究が、アメリカの地域研究のなかから出てきていることへの批判から始まります。アメリカの地域研究の枠組みは、アメリカの冷戦戦略によってつくられ、それを前提にすることはできないという主張で、「日本」を自明のものとする日本研究はいかがなものかと問いかけました。このことは、「日本」や「日本人」の構成性の議論―認識と結合しています。彼ら第三世代は「日本」という地域、「日本人」という民族はそもそも一九世紀後半に決定されたもので、恣意性と歴史性を有していると議論をするのです。歴史や歴史学も俎上に挙げ、ナショナル・ヒストリーを再考し、ナショナル・ヒストリーが自明視している空間や時間をあらためて歴史の文脈のなかで考えることを提起しました。同時に、彼らの場合には、「日本」はたまたまのケース・スタディーの一つです。こうした第三世代の議論によって、私たちも日本を出発点に置くのではなく、歴史を大枠とし、その一つのケース・スタディーとして日本史を考えてみたらどうかという考えに導かれました。

さて、このようにアメリカをはじめとする外国での日本研究と接すると、日本の「特殊性」などということが果たして言えるのか、という問題に直面することになります。

「日本」は近代のなかで形成された国民国家であり、その形成のされ方に個性はあるけれども、決して特殊ではないということです。そうしたことを学びながら、普遍的日本を設定し、しかも、肯定するのではなくて、批判的な文脈で歴史的に把握し直すことができるのではなかろうかということです。後段は、いささか自らに引きつけ過ぎましたが、以上のようなことが言えるのではなかろうかと思います。

天川　なるほど。ありがとうございました。『レヴァイアサン』と話がつながりました。

村松　ずっと感じてきたのは、日本歴史研究に関しては、知識からも解釈からも、アメリカ人は自信があった。僕が読んだなかではおそらくジョン・ホールという人が、突出して日本の知識があったと思うんです。彼はライシャワーと同じ世代の最高の人で、古代から現代まで日本を論じています。彼らが日本に影響を与えたかというと、歴史学には影響を与えたかどうかは僕は正確には知らないけれど、どうも影響を与えていません。政治学の間では影響を与え合っています。

「追いつき型の近代化」は日本の歴史学研究では批判されましたが、アメリカで非常に流行った近代化論とどういう関係にあったか、ということに興味があるんです。中国はちゃんと歴史の学術的研究がやれなかった。韓国もやれなかった時代があります。日本は戦後からとはいえ長い蓄積があります。その厚い蓄積と、膨大なエネルギーが知識に投入されて、やはり歴史学はすごいボリュームがあるわけです。

しかし、日本の歴史学がどれだけの影響をアメリカに与えたのかというと、そこは見えないという感じです。これは批判です。ジョン・ダワーをみても日本人の影響は受けています。例えばチャルマーズ・ジョンソンなんて日本人のエクスポゼ（暴露もの）を読んで書いている部分があります。ジョンソン以外にも多数の政治学者が、われわれの世代に影響を与えていると思うんです。そういう交流はありますか、という質問です。

成田　分かりました。そのことに応答する前に、もう一つ前提があります。先程、アメリカの日本研究は第三世代へと推移してきたといいましたが、第二世代はベトナム戦争の時代です。ジョン・ダワーさんたちは第二世代といってよいかと思います。

村松　キャロル・グラックは？

成田　グラックさんも第二世代から第三世代として活動し

ていると思います。純粋の第三世代というとおかしいですが、それに該当するのは酒井直樹さん、フジタニ・タカシさんたちです。このとき、いくつかの潮流があります。先のダワーさんたちは、ライシャワーに対して反発し、ベトナム戦争反対と重ね合わせながら自らの歴史学を樹立します。近代化論に反対し、その知的世界を作り上げていきます。

しかし、彼らの批判の仕方にあきたりないというのが酒井さんであり、フジタニさんです。世代間闘争がみられますが、同じことが日本でもあるはずだ、というのが私の思いでした。つまり、酒井さんがもっている問題意識は、「戦後歴史学」「民衆史研究」への批判に連なるのではないかということです。いささか格好をつけていうと、国境を超えたコラボレーションです。実際、酒井さんたちは、地域研究批判を念頭におきながら私たちと交流し、私たちは「戦後歴史学」批判を念頭におきながら酒井さんと交流していました。互いに上の世代や、先行するパラダイムの批判的検討を意識しながらの交流です。そういうやりかたが、もう二〇年続いています。このことが、前提です。

では、具体的なイッシューとして、どのような問題を、例えばアメリカの学会のなかに投げかけることができたかということですが、例えば総力戦論は、その一つであると思っています。総力戦論とは、戦争による総動員体制が社会を再編するという考え方に立ち、戦時と戦後をいわば連続して捉える考え方です。戦時と戦後を通じて、日本のある種の近代化の徹底がなされたというのが、総力戦ということの基本的な考えです。これを酒井さんたちに提起したところ、アメリカには総力戦という発想はなく、新たな問題提起になりました。ですから、一方的に黒船のように、日本にアメリカの日本研究が入り込んできたということではなく、互いの問題意識を交流させながら、しかも具体的なイッシューでもって共同研究を行ってきたと思っています。

村松　交流がかなりあるということで安心しました。政治学は交流してきましたと、あえてポジティブに言いましたけれど、本当は少なすぎます。比較の中で日本があると言えるためには、ある程度のどこの国でもいいから比較をしていく、比較のなかで日本が浮かび上がるという作業をしなければいけなかったと思うんです。ところが、日本のなかにおける韓国研究も中国研究も始まったばかりです。しかし、西欧は割合早くからそれぞれの国の歴史家が読んでいたと思うんです。しかし、外国から政治学は学んだけれど比較研究しなかったんです。だから本当の意味で日本を、ある程度という意味でも、客観的にこうでございますということが、ある一部の領域でしか言えなかったと思うんです。

その一部とは、政治学ではサーベイデータの世界です。簡単にといったら怒られるけど、比較的簡単にデータがどの国でもとれるものですから、数ヵ国の比較研究のなかに日本の状況が入ってきて、そして日本がどの程度民主的かどうか、そういう議論が対象になるわけです。それはそれで、概して日本は一番遅れている、なかでは遅れているみたいな感じになりますが、そうした研究が出版以降、日本が国際社会のなかで学術的に引用され始めるという現象が生じるんです。幸い日本では割合早くからその領域をやっている人が多かったので、それほど自分を譲らずに問題意識をなかに入れることができたと思うんです。

だけどそれは一部であって、日本の政治学は、たぶん比較をやっていないんじゃないかと思うんです。だからコスモポリタンという議論が出たけれども、僕はコスモポリタンだとは思っていません。コスモポリタンたりたいと思っているけれど、evidence-based でコスモポリタンで学問を研究したという成果がないのではないか。そういうのが多分われわれ側の認識にあります。

成田　重要な論点です。政治学でも歴史学でも、比較の手法は出発点をなしますが、その場合、ご指摘のように二つの軸ではなく、複数の軸が必要であり、複数化によってはじめて本来的な意味での比較が可能になると思います。ただ、私たちがアメリカの日本研究者と考えていたのは、比較とともに翻訳ということでした。つまり、近代の原理や作法、文法が、アメリカではこのような現象となり、日本ではこのように具体化されたということの検証です。より正確に言い直せば、アメリカでのこの事象は、日本の文脈ではこの行為に相当するという対応関係の摘出です。異なる文脈―社会的背景における相互の関連の追及です。比較とともに翻訳の営みとしても、私は考えています。

村松　もう一つ感じるのは、ここで丸山さんを除いて描いているけれども、丸山さんは遠山さんと違うけれども、パラダイムとしては同じ役割りを果たしているところがあると思うんです。だからここに丸山さんを入れて、政治学ではどうだったかと読んでみています。それで考えれば、丸山さんは知識の広い人であったのですが、やはり比較ではないんです。丸山さんに対して世間では特殊ということを過剰に言ったかもしれませんけれど、要するに比較という関心ではなかったということではないかと思います。丸山さんにあったポテンシャルをわれわれは十分に論じることはしませんでした。歴史の古層など日本の特殊を析出しているところは今後議論が続くところだと思います。だから単線的近代化論がぽんとあって、いやそうじゃないと言っているだけではないのです。多様にいろんな社会がそれぞれに発展するんだ、と言っているのかもしれません。だから遠山さんと、丸山さんの話は大きかったと思います。

成田　政治学では、それでも丸山批判という潮流はみえてきていると思います。しかし、歴史学では、遠山（茂樹）批判がなかなか顕在化してこないことが問題です。

雨宮　遠山さんは人格者ですから。

村松　丸山さんも人格者じゃないんですか？

雨宮　人格者ですが、丸山さんの場合はまた違っていて、実にその何というか、会ったけど僕は批判できません。遠山さんはあまりにも人格者すぎてなんて冗談ですけれど。丸山先生だと、一いうと百かえってくるような感じだからできるんですけど、遠山さんの場合はいかにも良心的に「う～ん」と考え込まれそうな感じがして、生きている間は無理ですね。

成田　歴史学の場合には、やはり実証が持つ重さがありますね。先程の歴史家はどこで勝負をするかという論点と重なってきますが、実証の精度で勝負するわけです。そうしたとき、遠山さんが最初に近代日本の枠組みをつくり、続く歴史家たちは、その枠組みを「実証」し、微調整をすることによってみずからのキャリア（業績）をつくりました。その潮流が「戦後歴史学」の歩みとなったと思うのです。だから、細かなところで批判はあっても、遠山さんのつくり出した大枠はなかなか揺るがせられない。そして実際、遠山さんの明治維新像は美しく描かれています。複雑な歴史過程に筋道をつけ、明治維新像を描き上げるとともに、枠組みを提供したのですから、大きな仕事であることは間違いありません。歴史学の画期となる著作として『明治維新』（岩波全書、一九五一）があるのです。

問題はその後でしょう。遠山さんの枠組みを、例えば長州藩で検証してみるとか、薩摩藩の例でたどりなおしてみるとか、そういうことが続く歴史家たちの業績になってしまった。遠山さんは、戊辰戦争を軽視していたから、戊辰戦争をつけ加えてみようとか。大枠はそのままにして、対象や史料を変えるとか、新たな例を持ち出すことで充足してしまう歴史家の心性といってもよいでしょう。だからいつまでたっても、遠山さんの枠組みは崩れない。せいぜい微調整にとどまるのです。

天川　でも、非常に単純な話なんですが、先程のお話では約二〇年で再編の動きがでてきています。これは一種の法則性があるんですか。七〇年代、九〇年代、いま二〇一〇年代。

成田　やはり世代の交代が関連していると思います。いささか乱暴な言い方になりますが、二〇年を隔てた世代が、一番呼応しやすいように見えます。研究者として活力ある時期に遭遇した学生が、真正面から教員と向き合いその成果を学ぶ。たっぷり吸収するがゆえに、欠点も見えてくるでしょう。そこで、その成果を踏み台にしながら、次のステージへと向かうというイメージが僕にはあります。私などが幸運だったのは、鹿野さんや安丸さん、ひろたさんがあらたな領域を開拓している時期に学生であったことです。そのゆえに、たっぷりの影響を受けています。そして、どれだけ離陸できるかということが、私たちにとっての試練になるのでしょう。

村松　鹿野さんはおいくつですか？

成田　一九三一年生まれで、ちょうど八〇歳です。一九三〇年前後生まれのこの世代が「戦後歴史学」の第二世代に当たります。「民衆史研究」は開拓者たちですが、要は戦後の歴史学の第二世代です。そして、その次の世代が戦後の歴史学の第三世代となるはずですが、順調に歩む人とはみ出した人が現れます。こういうことを考えると、どうしても制度がもつ壁に思いが至ります。史学科での人材養成が歴史学の主潮流になっており、同じディスクール、いや同じ枠組みを持つ人が再生産され、歴史学の「制度」が維持されていきます。後任人事も、同じ枠組みであることが前提となります。どうしても縮小再生産になってゆくのですが、研究費の配分などでも同様のことが行われます。制度であるゆえにお金がついて回りますが、お金と人事を握っていることが、歴史社会学的にみた場合の「戦後歴史学」が力を有している理由だと思います。

ただ、歴史学にとって残念なことですが、一般教養の歴史学、それから日本歴史というポストはどんどん減る傾向にあります。歴史学のポストが削られ、代わって日本文化論や日本論とかの募集となっています。しかし、こうした枠組みとなると、社会学や文化人類学の人たちのほうが有利なのです。こうなってきて、いままでの人事―歴史家の育成、専門職への登用というサイクル、システムが壊れてきています。こうしてはじめて歴史家に危機が実感され、「戦後歴史学」を含めた戦後の歴史学の自己改革がなされてきているように見えます。

村松　この間、この研究会で大嶽秀夫さんに話してもらったんです。大嶽さんによれば、転機は七〇年代半ばです。七〇年でも七二、三年でも転機とみていいと思うんですが、そのときに世界の先進国、とりわけアメリカが力を失ったと推測しています。しかし、基地と日本を守ってやっているという線は維持してきた。アメリカは日本にだけは強いんです。ドイツはそれほど弱体化しなかったけれど、イギリスとフランスは非常に弱くなりました。やはり、オイルショックは大きかった。イタリアも取り残される感じになっていた状況があります。そのときに国際政治学では相互依存論というのが流行し始めました。だからこの時期に変わったと言えるでしょう。国内では大学紛争をやった人たちがやがて就職をし始めました。それで好きなことを言い始めて、僕はこん畜生と思っていましたが、そういう時代でした。

成田　学生時代には、皆新しいことを求めていたんでしょうね。

村松　そうですね。それが、アメリカはみずからの力は衰えてきたことを表明すると同時に、その実態も出てきました。やはり何かが変わり始めたという気はします。僕らにはアメリカの時代ではないという意識はあるかもしれません。反米というのは日本にありましたが、そのことが今の時代を特徴づけているのでもないと思います。

成田　いまの話とちょっとずれるかもしれませんが、六八年に学生運動に参加しつつ、大学に残って教員になったのは、歴史学に限って言えば、西洋史研究者が多いのです。その人たちは社会史研究の導入に積極的でもありました。つまり「戦後歴史学」に距離をおき、それとは異なる歴史像を探り、社会運動史研究を考察していきます。東洋史研究者でも、一部そういう人たちがいますが、日本史研究ではほとんど見当たりません。日本史研究では、そもそもその世代の歴史家の数が少ないのです。残った方たちは「戦後歴史学」を死守するという感じです。ですから、「民衆史研究」と私たちの世代が直に向かい合うことになりました。

村松　あの紛争の後も変らなかったということですか?

成田　そう思います。日本史研究においては、ほとんど無風地帯です。西洋史研究における社会史革命というか、「社会史研究」の導入によって、いままでの「戦後歴史学」の書き換え—その枠組のままでは駄目だという認識が、日本史研究においては共有されてきませんでした。先に述べましたように、日本史研究では連続―継承のうえでの改変、すなわち再編成となったということです。日本史研究が、いつまでたっても動きが鈍いということの理由の一つはここにあると思っています。

村松　震災でまた大きく動かすかもしれませんが、僕の認識は九〇年代はアジアです。アジア全体が、世界の飯を食い始め、イギリスとフランスの飯はいっそう悪くなるんです。ということで、アジアに対抗したのか、アメリカに対抗したのかよく分からないですけど、EUが出てきて政治学は変わったんです、ヨーロッパの国々の政治学会連合会が、ECPR（**European Consortium for Political Research**）をつくって、雑誌を発行し、アメリカのポリティカル・サイエンス・レビューに対抗するわけです。対抗する雑誌になりましたが、実際にはだんだんポリティカル・サイエンス・レビューに似てくるという人もいます。これは実際のアメリカ支配とは違って、知的パラダイムの問題ではないかと思うんです。

成田　そうですね。ここ一〇年ほど急速に進んできているのは、戦後東アジアにおけるアメリカ占領のもつ意味の考察です。いままでは、韓国史、台湾史、日本史と国民国家に沿って縦割りにばらばらに考えていた戦後東アジアの諸問題を、アメリカによる東アジア占領という視角で考え直そうという試みです。こうした立場に立ったとき、韓国の四・三事件、台湾の二・二八事件と、それから日本の神戸の出来事が連関づけられ、アメリカの占領に対する反対運動としてあらためて把握されることになります。そして、このことを議論するために、韓国、中国、台湾の研究者と、日本の研究者、そして沖縄の研究者が加わるプロジェクトがつくられます。そうした一つに、「東アジアにおける記憶の場」というプロジェクトがありますが、東アジアという場で、それぞれのナショナル・ヒストリーをいかに超えるのかという試みということができると思います。アメリカの問題を念頭に置きながら、それを反転させた考察です。

福永　神戸の出来事というのは、一九四八年の朝鮮人学校事件ですか？

成田　そうです。一九四八年の神戸教育闘争と呼ばれる運動です。この出来事は、日本史研究の側でも、丹念な実証研究がなされていました。この事件の報道は、占領軍によって差し止められるのですが、アメリカのメリーランド大学にある「プランゲ・コレクション」の所蔵資料に、事件の報道が記されていました。新聞の紙面に載せる前の

「通信」に記されており、それを使用して事件を明らかにするというきわめて実証度の高い研究が荒敬さんによってなされていました。一九八〇年代中頃のことですが、誰も評価せず、荒論文は孤立していました。しかし、その荒さんの研究は、四・三事件や二・二八事件と連携があるという文脈が見出されることにより、一挙に大きな展開をみせます。

村松　連携というのがよく分かりません。

成田　連携というのは、アメリカの東アジア占領という文脈のもとで、それぞれの出来事がばらばらなものではなくて、関連性を持つという意味です。具体的な交渉や交流があったというのではなく、歴史的意味づけと関連付けをなしうる出来事であるということです。このような歴史認識に立ったとき、あらためてアメリカの東アジア占領とは一体何なのかという問題提起が意味をもつことになるでしょう。たとえば、国境線に関しても、それが恣意的なもので、そこにどのような力学が働いたかという問題が追究されています。

福永　僕は民政局の資料で書いたことがあるんだけど、そこまではやっていないし、あと考えるとしたら沖縄がこの頃ですね。

平良　沖縄の対談で、司会を戸邉秀明さんが務められました。戸邉さんは、確か鹿野先生の流れです。他に、江口先生の流れの方もいま沖縄国際大学に就職されています。いま沖縄政治史、とくに戦後史、社会史は非常に増えてきておりまして、成田先生のお話を聞いて、こういう流れでいまきているのか、ということが分ってきました。そのなかで、沖縄の社会史、政治史、運動史は、一体日本政府をどう位置づけているのかと、いつも思います。そういう面でみますと、社会史、民衆史、あるいはその前のものは、僕からみると違いがみえにくいところがあるんです。政府といいますか、権力というか、それを一体どう位置づけているのか。先程の主体の問題とも関わってくるかと思います。

成田　たしかにその点が「民衆史研究」では手薄なところですね。支配の思想―権力の分析が弱いのです。この点では「戦後歴史学」や政治学・政治史研究が説得的な分析を行っていると思います。あわせて、沖縄研究について述べてみたいと思います。

大きな文脈でみると、沖縄研究は、一部の人を除けば、もっぱら沖縄の人がやっていました。断片的な研究はむろんありましたが、大半は沖縄在住の人たちが行っていました。そして、復帰以降、本土の人間も少しずつ沖縄研究に参画するようになったと思います。本土の人と沖縄の人たちが、協力し、反発し、競合しながら沖縄の歴史を考えているというのが、いまの状況だと思います。

こうしたなか、例えば、鹿野さんの仕事、その出発は、沖縄の人たちがどのような形で日本国民としてのアイデンティティをもたされたか、このようなアイデンティティをもたされることに対してどういうような反発があったのかを探っています。戦前の日本政府の同化政策と、戦後のアメリカ占領軍の政策、それらをにらみながら、対抗の動きを明らかにすることが、鹿野さんの問題意識です。この鹿野さんの問題意識からすると、復帰前後のころからでてきた「反復帰論」に着目することになります。また、その前段階として、『琉大文学』のグループに着目し、彼らがもつ占領への違和感を考察しました。

しかし、沖縄の資料をもう少しみていくと、『琉大文学』グループとともに、『琉大学生新聞』のグループがあり、こちらは「反復帰」につながる沖縄独立論ではなく、直接に占領軍に対峙するという戦略をとっています。双方は、状況認識も先の展望も違っており、沖縄の歴史研究は、当然のことながらどこに軸足を置くかによって、その歴史像が異なってくる状況にあります。むろん、これは沖縄の歴史に止まらず、歴史研究すべてに該当することですが、沖縄史の文脈においては、復帰とその復帰前の戦後の沖縄の歴史をいかにみるかということが焦点となっています。

話が飛びますが、戦後初期の沖縄に、いわゆる「密航時代」がありますね。この密航という行為は、先程のアメリカの東アジア占領によって国境が画定され収束します。しかし、その国境の画定のされ方は、「密航時代」を考えると、ずいぶん流動的であったはずだし、別の可能性があったのではなかろうかと推測されます。だから、いまの線引による国境を自明のものとして歴史を考えるのではなく、線引き自身を歴史のなかに位置づける形で考えてみたらどうなるだろうかということも浮上してきます。

そうすると、いままでの国民国家のなかの沖縄、この国民国家のなかでアメリカに占領されていて復帰するという、単線的に描かれていた像が複雑な構想のもとに、複雑な可能性をもったものとして描かれてくることになるでしょう。だから、「戦後歴史学」の枠組に、あるいは「民衆史研究」の枠組に飽き足らない人たちが、こぞって沖縄研究に参入しているということさえ、言えるように思います。いや、少し言い過ぎですが。

福永　最後にちょっとだけうかがいたいんですが、「戦後歴史学」の戦後史なんですけど、「戦後歴史学」は戦後をどう描いているのですか？

成田　具体的には、『日本の歴史』として刊行される通史のシリーズをみると、戦後史がどのような形で描かれているのかがよく分かると思います。最初の中央公論社版の一九六〇年代の真ん中、つまり「戦後歴史学」と実証主義歴史学が加わって書いた巻は、蠟山政道さんが書かれました。次に出た小学館版、これは一九七〇年代の初めですが、現代日本の歴史の巻は江口朴郎さんが書いています。次の講談社版は、河野さんが書かれています。

河野　すみません。あまりに見劣りして。

成田　いえ、そのようなことはまったくありません。大変勉強させていただきました。言いたかったことは、通史のシリーズでは、戦後を担当されるのが、もっぱら政治学、政治史の人たちでした。それに対して、はじめて日本史の研究者が書いたのが、集英社版と小学館版の日本史でした。前者は松尾尊兊さん、後者は大門正克さん、荒川章二さんたち歴史家が描きました。大門さんのことを議論したのは、そうした流れを踏えてのことです。

戦後とは何か—政治学と歴史学の対話(上)

平成 26 年 6 月 30 日　発　行

編　者　福　永　文　夫
　　　　河　野　康　子

発行者　池　田　和　博

発行所　丸善出版株式会社
〒101-0051 東京都千代田区神田神保町二丁目17番
編集：電話(03)3512-3266／FAX(03)3512-3272
営業：電話(03)3512-3256／FAX(03)3512-3270
http://pub.maruzen.co.jp/

© Fumio Fukunaga, Yasuko Kouno, 2014

組版印刷／製本・藤原印刷株式会社

ISBN 978-4-621-08832-6 C 1031　Printed in Japan

JCOPY 〈(社)出版者著作権管理機構 委託出版物〉
本書の無断複写は著作権法上での例外を除き禁じられています．複写される場合は，そのつど事前に，(社)出版者著作権管理機構(電話03-3513-6969，FAX 03-3513-6979，e-mail：info@jcopy.or.jp)の許諾を得てください．